CHINA PANORAMA
Approaching Chinese

Book I

中国全景

初级汉语

第一册

吕必松　主编

中华人民共和国教育部
对外汉语教学发展中心　　组编审订

Language & Culture Press
语文出版社

《中国全景—初级汉语》 1—3册

顾　　问　姜明宝　吕必松

主　　编　吕必松
编　　者　李　爽　陈　莉
英文翻译　鲁健骥
英文校订　ANDREW　G. MACDONALD

责任编辑　陈　红

图书在版编目（CIP）数据

中国全景. 初级汉语. 第1册/吕必松主编. —北京：
语文出版社，2001.6（2002.10重印）
ISBN 7-80126-416-9/G·289

Ⅰ.中…　Ⅱ.吕…　Ⅲ.汉语-对外汉语教学-教
材　Ⅳ.H195.4

中国版本图书馆 CIP 数据核字（2002）第 083838 号

中国全景 — 初级汉语

第一册

中华人民共和国教育部
对外汉语教学发展中心　组编审订

*

语文出版社出版
E-mail: ywp@ public2.east.net.cn
100010　北京朝阳门南小街 51 号
新华书店经销　　北京市联华印刷厂印刷
850 毫米×1168 毫米　1/16　15 印张
2001 年 6 月第 1 版　2005 年 1 月第 4 次印刷
ISBN 7-80126-416-9/G · 289
05200

前　言

《中国全景》是由中华人民共和国教育部对外汉语教学发展中心约请从事对外汉语教学的专家编写的系列教材。

《中国全景》是中国第一部专门面向境外汉语学习者的大型电视系列教材,适用于母语非汉语的广大汉语学习者。

《中国全景》由《汉语语音导入》《初级汉语》《中级汉语》《商贸汉语》《旅游汉语》等组成初级、中级、高级三个层次的系列。《汉语语音导入》《初级汉语》为初级教材,《中级汉语》为中级教材,《商贸汉语》《旅游汉语》为高级教材。这三个层次的教材既相互衔接,又自成系统,相对独立。学习者可根据需要予以选用。

《中国全景》的各类教材都配有录音带、录像带和光盘,供学习者使用。

Foreword

China Panorama is a series of Chinese textbooks prepared by a group of TCFL experts invited by The Development Centre for Teaching Chinese as a Foreign Language Under the Ministry of Education of P. R. China .

China Panorama is the first large-scale Chinese teaching program in a TV series, specially designed for anyone who is keen to learn Chinese.

China Panorama consists of textbooks of various levels including *Chinese Phonetics*, *Approaching Chinese*, *Intermediate Chinese*, *Chinese for Business* and *Chinese for Tourism*. The first two books are meant for beginners, the third is devised for intermediate learners and the last two are prepared for advanced users. While connected with one another they remain independent and systematic.

China Panorama is accompanied by both audio and video tapes and CD-ROM for learners to choose from.

一、这部教材适宜于母语为非汉语的学习者，他们的汉语水平为零起点。

二、学完这部教材，学习者可掌握 1000 个左右的基本词汇、200 多个句型和 3000 多个常用句子，能应付日常生活交际。

三、全书共分三册，每册有十课，每课分三段。第一、二段以"讲练"为主，内容有：新词语、课文、注释、练习等；第三段以"复练"为主，内容有：新词语、句型练习、综合练习、语音练习和走马观花等。用于常规课堂教学，一段相当于一课时(50 分/课时)的内容；也可用于短期强化教学，一课为一次课(2×50 分/次)的内容。

1. 语用范例——在每课的最前边列出本课的语用项目和例句，并给出逐字英译和整句英译。

2. 新词语——当课所涉及的新词语放在课文的前边，使学习者在学习课文前能首先扫除一些词语的障碍。词语选择以《汉语水平词汇和汉字等级大纲》为依据，主要选用其中的甲级词，有个别词汇虽超出大纲范围，但仍属现代生活常用。

3. 课文——基本上每课一个功能性主题，每段一个情景会话；在全部会话中，以一个人物——中国姑娘方雪芹贯穿始终，围绕她的家庭、工作、生活、爱情展开场景，每段会话都带有一定的情节，随着学习进程情节也在发展，提高学习者的学习兴趣。但是应请读者注意的是：会话中的一些诸如商品的价格，人物、公司等的名称等细节，均只为教学方便而虚拟，并不一定是实际情况。

4. 注释——对课文中重要语言现象进行讲解和一定的练习，使学习者理解并掌握基本词句用法。讲解包括词汇、语法、语用甚至汉字等多方面内容。在讲解中尽量避免语法术语，同时多给出简单明了的结构形式和丰富的例句。

5. 练习——第一、二段中的练习多以理解、模仿为主；第三段是复练课，有相当于替换练习的句型练习，有着重训练语言交际能力的综合练习，还有专门针对学习者汉语发音难点而设计的语音练习。句型练习还可与录音、录像带配合作听说练习使用。通过大量的练习巩固当课所学的内容。

6. 走马观花——每课中设一个这样的栏目，一方面通过图片形式向学生展示诸如商店招牌、指示标牌、交通标识等等日常生活中常见的汉字的认读，另一方面以文字形式向学习者介绍相关的文化背景知识。

7. 写汉字——每段都有这个小栏目，演示汉字笔画顺序，使学习者对汉字有一个感性认识。

四、选材不局限于学校生活，而是将会话场景放在社会生活中，所以教材不仅适用于在校学生，也适用于在公司供职的人士和家庭主妇。

五、与本书相配套的还有录音带、录像带及多媒体光盘等多种出版物，可供辅助教学，也可供学习者自学。

六、全书请北京语言文化大学的鲁健骥教授做英语翻译和教材审订。

编者

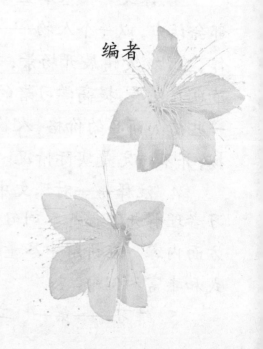

Introduction

1. This course is intended for zero level learners of Chinese whose native language is not Chinese.

2. On completing this course the learner should have a command of about 1, 000 basic words, 200 sentence patterns. The course includes over 3, 000 commonly used sentences, which will enable him to survive in his daily communications.

3. The course book consists of three volumes; each containing 10 lessons and each lesson is divided into three parts. The first two parts introduce new language items together with corresponding practice in sections such as new words, texts, notes, exercises, etc. The third part is composed of reviews and exercises with these sections: new words, pattern drills, comprehensive exercises, pronunciation drills and there is a special section called A Glimpse of Modern Chinese Culture. For regular classroom teaching each part can be taught in an instruction hour (50 minutes), or for intensive classes, each lesson can be taught in two instruction hours (2 × 50 minutes).

The following is a description of the various sections of the course book:

    1) Examples of usage—These are found at the first section of each lesson.

    2) New words and phrases—These are given before the text with the aim of removing obstacles in vocabulary before dealing with the text. The words and phrases are selected from the Chinese Proficiency Scales (Vocabulary and Chinese Characters), or, rather, from List A of the Scales with a few not in List A but commonly used in modern Chinese.

    3) Texts—Each text is a situational dialogue on a functional theme. All the texts are about Fang Xueqin, a Chinese girl, her family, work, life, love, etc. Each is a story which should engage the reader's interest and, we hope, facilitate learning of the language. Characters, prices, corporations, etc. are not real and are imagined.

    4) Notes—These include explanations and exercises involving impor-

tant language items to help the learner to grasp basic usage of vocabulary, grammatical, and even character items. In the notes, we deliberately avoid using technical terms and provide the learner with simple formulas and adequate examples.

5) Exercises—These are mainly comprehension and imitation exercises and in part three, which is largely revision, there are substitution drills and comprehensive exercises to improve the learner's competency in communication as well as pronunciation drills which address difficulties the learner may experience in pronunciation . The sentence pattern drills can be used with the accompanying sound and video cassettes for listening and speaking. All in all, the exercises are aimed at consolidating what was learned in the lesson.

6) A Glimpse of Modern Chinese Culture—We wish to help the learner recognize characters used in daily life, such as those used on shop signs, street signs, traffic signs, etc. and we also provide the learner with a background knowledge of China.

7) Writing demonstration—This section demonstrates the stroke order of writing Chinese characters to give the learner a feeling of Chinese characters.

4. The plots of the dialogues are not limited to school life, but extend to other areas of social life, which makes this course book appropriate not only to students, but also to office workers, housewives, etc.

5. This course book is accompanied by a set of sound and video cassettes and CD-ROM, which are aides to learners, especially those who study by themselves.

6. Prof. Lu Jianji of Beijing Language and Culture University read through the manuscripts and has helped us with the English translation.

Editors

目　录　Contents

1

目　录　Contents

目　录　Contents

目　　录　　Contents

第一课
Dì - yī   Kè

LESSON ONE

语 用 范 例 *Examples of Usage*

1. 打招呼 *Greetings*

你　好！
Nǐ　hǎo!
you　well
How do you do!

您　好！
Nín　hǎo!
you　well
How do you do!

2. 介绍 *Introduction*

我　叫　方　雪芹。
Wǒ　jiào　Fāng　Xuěqín.
I　to be called　Fang　Xueqin
My name is Fang Xueqin.

她　叫　杨　丽。
Tā　jiào　Yáng　Lì.
she to be called　Yang　Li
Her name is Yang Li.

这　是　小　方。
Zhè　shì　Xiǎo　Fāng.
this to be Little Fang
This is Little Fang.

3. 欢迎 *Welcome*

欢 迎!
Huānyíng!
welcome
Welcome!

欢 迎 你!
Huānyíng nǐ!
welcome you
You are welcome!

你 好!
Nǐ Hǎo!

How do you do!

新 词 语 *New Words and Phrases*

1. 您		nín	you
2. 好		hǎo	good, well
	您好	nín hǎo	how do you do
3. 经理		jīnglǐ	manager
	刘经理	Liú jīnglǐ	Manager Liu
4. 你		nǐ	you
5 我		wǒ	I, me
6. 叫		jiào	to be called
7. 欢迎		huānyíng	welcome
8. 她		tā	she, her

专 名 *Proper names*

1. 方	Fāng	a surname

2. 方雪芹	Fāng Xuěqín	full name of a person
3. 刘	Liú	a surname
4. 杨	Yáng	a surname
5. 杨丽	Yáng Lì	full name of a person

课　文　Text

见面的时候,怎样用汉语打招呼？怎样向不认识的人介绍自己的姓名？

When you first meet someone, how do you greet him/her, and how to tell him/her your name in Chinese?

（方雪芹今天开始工作,她来到经理办公室。）

(Today Fang Xueqin is going to start her new job and she has come to her manager's office.)

方雪芹：	您 好!
	Nín hǎo!
Fang :	How do you do!
刘经理：	你 好!
	Nǐ hǎo!
Liu :	How do you do!
方雪芹：	我 叫 方 雪 芹。
	Wǒ jiào Fāng Xuěqín.
Fang :	My name is Fang Xueqin.
刘经理：	欢 迎 你!
	Huānyíng nǐ!
Liu :	Oh, welcome!
	（秘书杨丽进来）(Yang Li, the secretary enters.)
刘经理：	（对方雪芹介绍）(Introducing Yang to Fang)
	她 叫 杨 丽。
	Tā jiào Yáng Lì.
Liu :	This is Yang Li.

方雪芹：	你 好！ 我 叫 方 雪芹。
	Nǐ hǎo! Wǒ jiào Fāng Xuěqín.
Fang：	How do you do! My name is Fang Xueqin.
杨丽：	你 好！ 欢迎 你！
	Nǐ hǎo! Huānyíng nǐ!
Yang：	How do you do! You are welcome!

注　释 Notes

 1. "你"和"您" nǐ and nín

您 好！	你 好！
Nín hǎo!	Nǐ hǎo!
How do you do!	How do you do!

　　"你"和"您"都相当于英语的 you,用"您"则表示尊敬。对上年纪的人、比自己年长的人、有身份和地位的人,在汉语普通话中都用"您"。有些方言区的人一律用"你"。

　　Both nǐ and nín mean "you" in English with nín being a respectful form, which is used for elderly people , or people older than , or superior to the speaker. However, in some dialects, nín is not used.

 2. 你好、您好　nǐ hǎo and nín hǎo

你 好！	您 好！
Nǐ hǎo!	Nín hǎo!
How do you do!	How do you do!

　　这是见面时常用的打招呼的话。不管是一天中的什么时候,不管是对陌生人还是对熟人,见面打招呼都可以说"你好"或"您好"。回答也是"你好"或"您好"。

　　These are common greetings used at any time of the day and appropriate to both a stranger and

an acquaintance. The same is used as a reply.

 3. 中国汉族人的姓和名 Surnames and given na

> 我 叫 方 雪芹。
> Wǒ jiào Fāng Xuěqín.
> My name is Fang Xueqin.

> 她 叫 杨 丽。
> Tā jiào Yáng Lì.
> Her name is Yang Li.

中国汉族人的名字包括姓和名两部分，排列顺序是：姓在前，名在后。在这两个人名中，"方"和"杨"是姓，"雪芹"和"丽"是名。

A Chinese name is composed of two parts: the surname (family name) and the given name with the former preceding the latter. In the two names given here, Fāng and Yáng are surnames while Xuěqín and Lì are given names.

 4. 叫 The verb jiào

> 我 叫 方 雪芹。
> Wǒ jiào Fāng Xuěqín.
> My name is Fang Xueqin.

"叫"在这里用于引出姓名。例如：

Jiào is used to introduce a name here, e. g.

(1) 我 叫 方 雪芹。
Wǒ jiào Fāng Xuěqín.
My name is Fang Xueqin.

(2) 她 叫 杨 丽。
Tā jiào Yáng Lì.
Her name is Yang Li.

 5. 表示欢迎 Welcoming someone

5

欢迎 你!

Huānyíng nǐ!

You are welcome!

对朋友或客人表示欢迎时,可以说"欢迎!"也可以说"欢迎你(您)!"

Both Huānyíng and Huānyíng nǐ(nín) are appropriate when welcoming a friend or a guest.

练 习 *Exercises*

一、用下边的例子比较一下汉语和英语的结构和表达法有什么不同:

Compare the following examples and try to find the differences between Chinese and English expressions:

方 雪芹	Xueqin Fang
Fāng Xuěqín	
刘 经理	
Liú jīnglǐ	Manager Liu

| 欢 迎 你! | You are welcome! |
| Huānyíng nǐ! | |

我 叫 方雪芹。	My name is Fang Xueqin.
Wǒ jiào Fāng Xuěqín.	
她 叫 杨丽。	Her name is Yang Li.
Tā jiào Yáng Lì.	

二、练习说下边的句子:

Practice the following sentences:

(1) 你 好!
Nǐ hǎo!

(2) 您 好!
Nín hǎo!

(3) 我 叫 方 雪 芹。
Wǒ jiào Fāng Xuěqín.

(4) 她 叫 杨 丽。
Tā jiào Yáng Lì.

(5) 欢 迎 你!
Huānyíng nǐ!

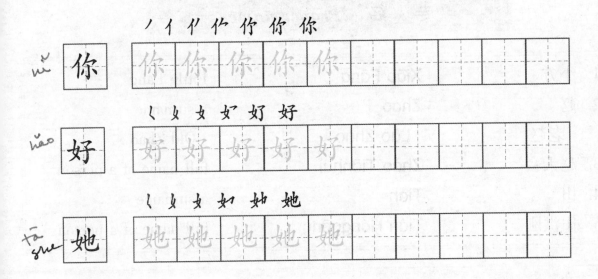

写汉字 *Writing Demonstration*

你　ノ イ 仁 仁 仁 你 你
好　く 女 女 女 奸 好 好
她　く 女 女 女 如 她 她

这是小方
Zhè Shì Xiǎo Fāng
This is Little Fang

新词语 *New Words and Phrases*

1. 这	zhè	this
2. 是	shì	to be
3. 小	xiǎo	young, little, small
4. 们	men	a plural suffix

	你们	nǐmen	you (plural form)
5.	大家	dàjiā	everybody
	大	dà	big, large
	家	jiā	home, family
6.	老	lǎo	old
7.	他	tā	he, him

专　名　*Proper names*

1.	小方	Xiǎo Fāng	Little Fang
2.	赵	Zhào	a surname
	老赵	Lǎo Zhào	Old Zhao
3.	赵天会	Zhào Tiānhuì	full name of a person
4.	田	Tián	a surname
5.	田洪刚	Tián Hónggāng	full name of a person

我	wǒ	I, me
我们	wǒmen	we, us
你	nǐ	you
你们	nǐmen	you (plural form)
他	tā	he, him
他们	tāmen	they, them (male)
她	tā	she, her
她们	tāmen	they, them (female)

课　文　*Text*

怎样介绍大家互相认识呢？看看刘经理是怎样把方雪芹介绍给大家的。

How do you introduce people to each other? See how Liu, the manager, introduces Fang to people in the office.

刘经理:	这 是 小 方。
	Zhè shì Xiǎo Fāng.
Liu:	This is Little Fang.
方雪芹:	你们 好! 我 叫 方 雪 芹。
	Nǐmen hǎo! Wǒ jiào Fāng Xuěqín.
Fang:	How do you do! My name is Fang Xueqin.
大 家:	欢迎, 欢迎!
	Huānyíng, huānyíng!
All:	You are welcome!
刘经理:	这 是 老 赵。
	Zhè shì Lǎo Zhào.
Liu:	This is Old Zhao.
赵天会:	你 好! 我 叫 赵 天 会。
	Nǐ hǎo! Wǒ jiào Zhào Tiānhuì.
Zhao:	How do you do! My name is Zhao Tianhui.
方雪芹:	您 好!
	Nín hǎo!
Fang:	How do you do!
刘经理:	他 叫 田 洪 刚。
	Tā jiào Tián Hónggāng.
Liu:	He is Tian Honggang.
田洪刚:	你 好!
	Nǐ hǎo!
Tian:	How do you do!

注 释 *Notes*

1. 称呼(一)　　Form of address（1）

这 是 小 方。	这 是 老 赵。
Zhè shì Xiǎo Fāng.	Zhè shì Lǎo Zhào.
This is Little Fang.	This is Old Zhao.

在姓前加"小"，是对年轻人的一种亲切的称呼，一般用于朋友、同事等熟人之间。例如：刘经理可以称呼方雪芹、杨丽、田洪刚等为小方、小杨、小田。

Xiǎo is added to a young person's surname to express closeness. This is very common between friends, colleagues or other acquaintances, e. g. Liú, the manager, may address Fang Xueqin, Yang Li and Tian Honggang as Xiǎo Fāng, Xiǎo Yáng and Xiǎo Tián respectively.

小 ＋ 姓
Xiǎo ＋ surname

小　方	小　杨	小　田
Xiǎo Fāng	Xiǎo Yáng	Xiǎo Tián

在姓前加"老"，一般是对中年以上的朋友、同事等的一种亲切的称呼。例如：方雪芹、杨丽、田洪刚等可以称呼赵天会为老赵，也可以称呼刘经理为老刘。赵天会和刘经理也可以互称老刘、老赵。

Lǎo is used before the surname of a middle-aged or more advanced friend or a colleague to express closeness, e. g. Fang Xueqin, Yang Li and Tian Honggang may address Zhao Tianhui as Lǎo Zhào. Similarly, they can address their manager as Lǎo Liú. Zhao and Liu can address each other Lǎo Liú and Lǎo Zhào.

老 ＋ 姓
Lǎo ＋ surname

老　赵	老　刘	老　王
Lǎo Zhào	Lǎo Liú	Lǎo Wáng

2. "他"和"她"　Male Tā and female Tā

她 叫 杨 丽。	他 叫 田 洪 刚。
Tā jiào Yáng Lì.	Tā jiào Tián Hónggāng.
Her name is Yang Li.	He is Tian Honggang.

"他"用于男性，"她"用于女性，读音相同，只是汉字的字形不同。

The character 他 tā is used for a male person while 她 tā is used for a female person and they are pronounced in the same way.

练 习 *Exercises*

一、说出"我、你、他、她"的复数词：

Give the plural forms of wǒ, nǐ, tā (m.) and tā (f.):

二、练习说下面的句子：

Practice the following sentences:

(1)　这 是 小 方。
　　　Zhè shì Xǎo Fāng.

(2)　这 是 老 赵。
　　　Zhè shì Lǎo Zhào.

(3)　欢 迎, 欢 迎!
　　　Huānyíng, huānyíng!

(4)　他 叫 赵 天 会。
　　　Tā jiào Zhào Tiānhuì.

(5)　他 叫 田 洪 刚。
　　　Tā jiào Tián Hónggāng.

写 汉 字 *Writing Demonstration*

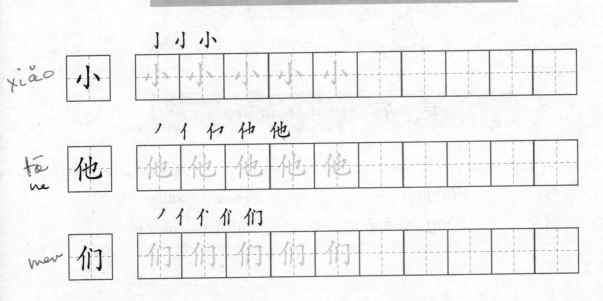

11

这是我爸爸
Zhè Shì Wǒ Bàba

This is my father

新 词 语 *New Words and Phrases*

1.	爸爸	bàba	father
2.	学生	xuésheng	student
3.	妈妈	māma	mother
4.	和	hé	and
5.	哥哥	gēge	elder brother
6.	妹妹	mèimei	younger sister
7.	母	mǔ	mother(written)
8.	女儿	nǚ'ér	daughter
9.	儿子	érzi	son
10.	丈夫	zhàngfu	husband
11.	妻子	qīzi	wife

专 名 *Proper names*

1.	方母	Fāngmǔ	Fang's mother
2.	方雪松	Fāng Xuěsōng	full name of a person

句型练习 *Sentence pattern drills*

一、用所给句型完成下边的句子：

Complete the following sentences with the patterns given below:

这是……
Zhè shì…

例：*Example*：

方雪芹：这是我爸爸。
　　　　Zhè shì wǒ bàba.
学　生：这是她爸爸。
　　　　Zhè shì tā bàba.

(1) 方雪芹：这是我妈妈。
　　　　　Zhè shì wǒ māma.

学　生：这是 _____ 。
　　　　Zhè shì_____.

(2) 方雪芹：这是我爸爸和妈妈。
　　　　　Zhè shì wǒ bàba hé māma.

学　生：这是_____。
　　　　Zhè shì_____.

(3) 方雪芹：这是我哥哥。
　　　　　Zhè shì wǒ gēge.

学　生：这是_____ 。
　　　　Zhè shì_____.

(4) 方雪芹：我是他妹妹。
　　　　　Wǒ shì tā mèimei.

学　生：这是_____ 。
　　　　Zhè shì_____.

二、用所给句型完成下边的句子：

Complete the following sentences with the patterns given below:

例：　*Example*：

方　母：这是我女儿。
　　　　Zhè shì wǒ nǚ'ér.
学　生：这是她女儿。
　　　　Zhè shì tā nǚ'ér.

(1) 方　母：这是我儿子。
　　　　　Zhè shì wǒ érzi.

学　生：这是_____ 。
　　　　Zhè shì _____.

(2) 方母：这是我儿子和女儿。

　　　　Zhè shì wǒ érzi　hé nǚ'ér.

学　生：这是_____。

　　　　Zhè shì _____.

(3) 方母：这是老方，他是我丈夫。

　　　　Zhè shì Lǎo Fāng, tā shì wǒ zhàngfu.

学　生：这是_____。

　　　　Zhè shì _____.

(4) 方母：我是他妻子。

　　　　Wǒ shì tā qīzi.

学　生：她是_____。

　　　　Tā shì_____.

三、用所给句型完成下边的句子：

Complete the following sentences with the patterns given bellow:

> 我叫……
> Wǒ jiào…
> 他叫……
> Tā jiào…

例：**Example**：

> 方雪芹：你们好！我叫方雪芹。
> 　　　　Nǐmen hǎo! Wǒ jiào Fāng Xuěqín.
> 学　生：她叫方雪芹。
> 　　　　Tā jiào Fāng Xuěqín.

(1) 方雪松：你们好！我叫方雪松。

　　　　Nǐmen hǎo! Wǒ jiào Fāng Xuěsōng.

学　生：他_____。

　　　　Tā_____.

(2) 方雪芹：我哥哥叫方雪松。
　　　　　Wǒ gēge jiào Fāng Xuěsōng.

　学　生：她_____。
　　　　　Tā_____.

(3) 方雪松：我妹妹叫方雪芹。
　　　　　Wǒ mèimei jiào Fāng Xuěqín.

　学　生：他_____。
　　　　　Tā_____.

(4) 方　母：这是我儿子和女儿。
　　　　　Zhè shì wǒ érzi hé nǚ'ér.

　学　生：这是_____和_____。
　　　　　Zhè shì_____hé_____.

　方　母：我儿子叫方雪松。
　　　　　Wǒ érzi jiào Fāng Xuěsōng.

　学　生：她_____。
　　　　　Tā_____.

　方　母：我女儿叫方雪芹。
　　　　　Wǒ nǚ'ér jiào Fāng Xuěqín.

　学　生：她_____。
　　　　　Tā_____.

四、请你对说话的人表示欢迎。
Say welcome to the speaker.

欢迎（你）！
Huānyíng(nǐ)！

例：**Example**：

方雪芹：你们好! 我叫方雪芹。
　　　　Nǐmen hǎo! Wǒ jiào Fāng Xuěqín.
学　生：欢迎你，方雪芹！
　　　　Huānyíng nǐ, Fāng Xuěqín!

(1) 方雪松：你们好！我叫方雪松。
　　　　　Nǐmen hǎo! Wǒ jiào Fāng Xuěsōng.

　学　生：_____。
　　　　　_____.

(2) 方雪芹、方雪松：你们好！
　　　　　　　　　Nǐmen hǎo!

　　学　生：_____。
　　　　　　_____.

(3) 这 是 刘 经理。
Zhè shì Liú jīnglǐ.
学 生：_____。

_____.

(4) 这 是 杨 丽。
Zhè shì Yáng Lì.
学 生：_____。

_____.

(5) 我 叫 赵 天会。
Wǒ jiào Zhào Tiānhuì.
学 生：_____。

_____.

(6) 他 叫 田 洪刚。
Tā jiào Tián Hónggāng.
学 生：_____。

_____.

综合练习 *Comprehensive exercises*

一、完成对话：

Complete the following dialogues:

(1) A：你 好!
Nǐ hǎo!

B：_____!

(2) A：你 好! 我 叫 方 雪芹。
Nǐ hǎo! Wǒ jiào Fāng Xuěqín.

B：_____! 我 叫_____。

_____! Wǒ jiào_____.

(3) A：您 好!
Nín hǎo!

B：_____! 欢 迎_____!

_____! Huānyíng_____!

二、用所给的词完成下边的一段话：

Complete the following passage with the given words:

叫、 欢 迎、 方 雪芹
jiào、huānyíng、Fāng Xuěqín

她 叫_____,她_____ 杨 丽, 杨 丽_____ 方 雪芹。
Tā jiào_____, tā_____ Yáng Lì, Yáng Lì_____ Fāng Xuěqín.

三、请你说：

Speak on the following situations:

(1)你的公司来了一位新同事,你向她问好;告诉她你的名字;表示欢迎。
A new colleague has come to join your company. You greet her, welcome her and
tell her your name.

16

(2)请你介绍你的全家。

Introduce your family.

你可以这样开始：

You may begin like this:

这　是……，他叫……

Zhè shì…,　tā jiào…

语 音 练 习　Pronunciation drills

1. 注意每组中相同的部分：

   Pay attention to the common sounds:

   zh　zhè shì – Lǎo Zhào – zhàngfu

   ao　nǐ hǎo – Lǎo Zhào

   iao　wǒ jiào – Xiǎo Fāng

2. 注意区别 zh – j – x：

   Differentiate zh – j – x:

   Lǎo Zhào – wǒ jiào – Xiǎo Fāng

   Lǎo Zhào jiào Zhào Tiānhuì,

   Xiǎo Fāng jiào Fāng Xuéqín.

3. 注意声调：

   Pay attention to the tones:

   第　一　声　*The first tone*

   Dì-yī shēng

   tā(他,她) – Fāng(方) – gē(哥) – mā(妈) – qī(妻)

   第　二　声　*The second tone*

   Dì-èr shēng

   hé(和) – nín(您) – Tián(田) – yíng(迎) – ér(儿)

   第　三　声　*The third tone*

   Dì-sān shēng

   nǐ(你) – wǒ(我) – lǎo(老) – xiǎo(小) – nǚ(女)

17

第 四 声 *The fourth tone*
Dì-sì shēng

jiào（叫）– zhè（这）– shì（是）– bà（爸）– mèi（妹）

轻 声 *The neutral tone*
Qīng shēng

bàba（爸爸）– māma（妈妈）– gēge（哥哥）– mèimei（妹妹）– zhàngfu（丈夫）

课堂用语 *Classroom expressions*

1. 我 不 懂 汉语。
Wǒ bù dǒng Hànyǔ. understd
I don't know Chinese.

2. 请 说 慢 点儿。
Qǐng shuō màn diǎnr.
Please speak slowly.

3. 请 再 说 一 遍。
Qǐng zài shuō yí biàn. MW (time)
Please say it again.

写 汉 字 *Writing Demonstration*

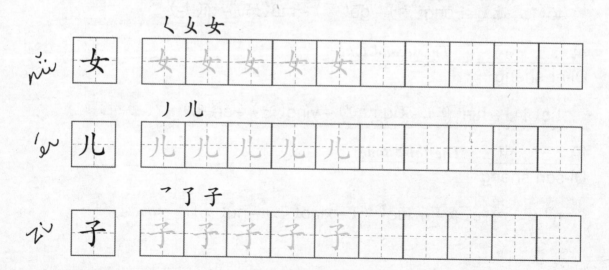

18

第二课
Dì-èr Kè

LESSON TWO

语 用 范 例 *Examples of Usage*

1. 找人   *Looking for somebody*

我　找　王　经理。
Wǒ　zhǎo　Wáng　jīnglǐ.
I   to look for Wang manager
I'd like to see Mr. Wang, the manager.

2. 客气地询问对方的姓   *Politely asking somebody's surname*

您　贵　姓?
Nín　guì　xìng?
you noble surname
May I know your (sur)name?

3. 请某人做某事   *Asking somebody to do something*

请　稍　等。
Qǐng　shāo　děng.
please for a while to wait
Please wait a minute.

4. 道谢和应答 *Expressing thanks and replying*

谢 谢!

Xièxie!

thanks

Thanks!

— 不 客 气!

— Bú kèqi!

—*not polite* (Standing on ceremony)

—You are welcome. /Don't mention it.

5. 告别 *Saying good-bye*

再 见!

Zàijiàn!

good-bye

Good-bye. /See you later.

6. 该做某事了 *Time to do something*

我 该 走 了。

Wǒ gāi zǒu le.

I must to go (modal particle)

It's time for me to go now.

20

您 贵 姓？

Nín Guì Xìng?

May I know your （sur）name?

	新 词 语	**New Words and Phrases**	

1.	找	zhǎo	to look for
2.	秘书	mìshū	secretary
3.	小姐	xiǎojiě	Miss
4.	贵	guì	noble; respectful
5.	姓	xìng	surname; to have as a surname
	您贵姓?	Nín guì xìng?	What is your （sur）name?
6.	请	qǐng	please
7.	稍等	shāo děng	to wait for a while
	稍	shāo	slightly, for a while
	等	děng	to wait
8.	进	jìn	to enter; to come/go in
9.	坐	zuò	to sit （down）

专 名	**Proper name**

王	Wáng	a surname

怎样有礼貌地询问对方的姓氏呢？怎样有礼貌地招待客人呢？

How do you ask somebody for his or her name and how do you receive a guest in a polite way?

（方雪芹到某公司去拜会该公司的王经理）

(Fang Xueqin arrives to meet Mr. Wang, the manager of a company.)

方雪芹：	你好！我找王经理。
	Nǐ hǎo! Wǒ zhǎo Wáng jīnglǐ.
Fang:	Hello! I'd like to see Mr. Wang.
秘书：	小姐，您贵姓？
	Xiǎojiě, nín guì xìng?
Secretary:	May I know your (sur)name, Miss?
方雪芹：	我姓方，我叫方雪芹。
	Wǒ xìng Fāng, wǒ jiào Fāng Xuěqín.
Fang:	I'm Fang, Fang Xueqin.
秘书：	方小姐，请稍等。
	Fāng xiǎojiě, qǐng shāo děng.
Secretary:	Just a moment, Miss Fang.
	（秘书接通经理办公室的电话）
	(The secretary dials the manager.)
秘书：	王经理，方雪芹小姐找您。方小姐，请进。
	Wáng jīnglǐ, Fāng Xuěqín xiǎojiě zhǎo nín.　Fāng xiǎojiě, qǐng jìn.
Secretary:	Manager, Miss Fang has come to see you. Please enter, Miss Fang.
	（方雪芹走进经理办公室）
	(Fang Xueqin enters the manager's office.)
方雪芹：	王经理，您好！
	Wáng jīnglǐ, nín hǎo!
Fang:	Hello, Mr. Wang.

王经理：	你 好！请 坐。
	Nǐ hǎo! Qǐng zuò.
Wang:	Hello. Sit down, please.

注 释 *Notes*

1. 称呼（二） Forms of address（2）

王 经理

Wáng jīnglǐ

Manager Wang

王是他的姓，经理是他的职务。当一个人有一个比较好的、有社会地位的职务或职称时，我们常常用"姓＋职务/职称"的形式来称呼他，这样表示对他的尊敬。例如：

To show respect, we often address a person in the form of "surname + post/title" when the person has a good position or a title that suggests a higher social status. Here, Wang is the surname and the position is manager. Other examples are:

姓 ＋ 职务/职称
surname + official rank/academic title

王 经理

Wáng jīnglǐ(manager)

方 老师

Fāng lǎoshī (teacher)

赵 大夫

Zhào dàifu(doctor)

杨 教授

Yáng jiàoshòu (professor)

2. 找人 Looking for somebody

我 找 王 经理。

Wǒ zhǎo Wáng jīnglǐ.

I'd like to see Mr. Wang, the manager.

当你到一个地方想见一个人的时候,可以说"我找……"。

You may use the expression Wǒ zhǎo... (I've come to see...), when you go to see somebody at a place.

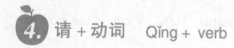 询问姓名 Politely asking somebody's surname

您 贵 姓?

Nín guì xìng?

May I know your (sur)name?

这句话用来客气地询问对方的姓氏。回答时可以说:"我姓……",也可以接着说:"我叫……"

This is used to ask politely for somebody's surname. The possible reply is: Wǒ xìng (I am surnamed...), which is followed by Wǒ jiào(My name is...).

4. 请 + 动词 Qǐng + verb

请 稍 等。

Qǐng shāo děng.

Please wait for a minute.

"请 + 动词"是用来表示很客气地让别人做什么事。

"Qǐng + verb" is a polite expression used when you ask somebody to do something.

请 + 动词
qǐng + verb

请 稍 等。

Qǐng shāo děng.

请 进。

Qǐng jìn.

请 坐。

Qǐng zuò.

一、将下边的英语翻译成汉语：

Translate the following into Chinese:

(1) I've come to see Liu, the manager.

 Wǒ zhǎo Liú jīnglǐ 。

(2) Please wait for a while.

 qǐng shāo děng 。

(3) What is your (respectful) surname?

 Nín guìxìng ？

(4) My surname is Wang. My name is Wang Xue.

 Wǒ xìng Wáng. Wǒ jiào Wáng Xuě.

二、练习说下边的句子：

Practice the following sentences:

(1) 我 找 王 经理。
 Wǒ zhǎo Wáng jīnglǐ.

(2) 小 姐，您 贵 姓?
 Xiǎojiě, nín guì xìng?

(3) 我 姓 方，我 叫 方 雪芹。
 Wǒ xìng Fāng, wǒ jiào Fāng Xuěqín.

(4) 方 小 姐，请 稍 等。
 Fāng xiǎojiě, qǐng shāo děng.

(5) 王 经理，方 雪芹 小 姐 找 您。
 Wáng jīnglǐ, Fāng Xuěqín xiǎojiě zhǎo nín.

(6) 方 小 姐，请 进。
 Fāng xiǎojiě, qǐng jìn.

(7) 你 好! 请 坐。
 Nǐ hǎo! Qǐng zuò.

写 汉 字 *Writing Demonstration*

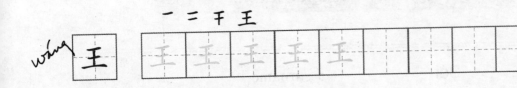

一 二 干 王

wáng 王 | 王 | 王 | 王 | 王 | 王

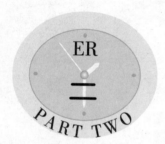

方 fāng 丶 亠 宁 方 | 方 | 方 | 方 | 方 | 方 | | | |

姓 xìng く 夕 女 女 如 如 姓 姓 | 姓 | 姓 | 姓 | 姓 | 姓 | | | |

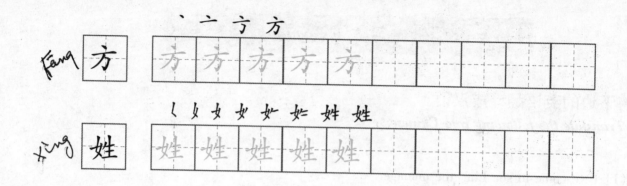

谢谢你!
Xièxie Nǐ!
Thank you!

新 词 语 *New Words and Phrases*

1.	喝	hē	to drink
2.	茶	chá	tea
	喝茶	hē chá	to drink tea
3.	谢谢	xièxie	to thank; thanks
4.	不客气	bú kèqi	You are welcome. /Don't mention it. /That's all right.
5.	先生	xiānsheng	Mister; Mr.
6.	该……了	gāi … le	It's time to (do something).
7.	走	zǒu	to go; to leave
8.	再见	zàijiàn	good-bye; see you again

专 名 *Proper name*

白	Bái	a surname

26

怎样表示感谢,怎样应答? 怎样告辞和告别?

How do you express thanks and how do you reply? How do you say good-bye?

(方雪芹正跟王经理谈话)

(Fang Xueqin is talking with Mr. Wang.)

秘 书:	请 喝茶。	
	Qǐng hē chá.	
Secretary:	Please have some tea.	
方雪芹:	谢 谢!	
	Xièxie!	
Fang:	Thank you.	
秘 书:	不 客气!	
	Bú kèqi!	
Secretary:	You're welcome.	

(王经理接电话,电话中)

(Wang answers a phone call.)

秘 书:	王 经 理,白 先生 找 您。	
	Wáng jīnglǐ, Bái xiānsheng zhǎo nín.	
Secretary:	Manager, Mr. Bai has come to see you.	
王经理:	请 稍 等。	
	Qǐng shāo děng.	
Wang:	Just a minute.	

(王经理放下电话,方雪芹起身告辞)

(Mr. Wang replaces the phone. Fang Xueqin rises to leave.)

方雪芹:	王 经 理,我 该 走 了。	
	Wáng jīnglǐ, wǒ gāi zǒu le.	
Fang:	Mr. Wang, I must go now.	
王经理:	好, 方 小 姐,再见。	
	Hǎo, Fāng xiǎojiě, zàijiàn.	
Wang:	OK, good-bye, Miss Fang.	

方雪芹：	再 见。
	Zàijiàn.
Fang:	Good-bye.

注　释　*Notes*

1. 致谢和应答　Extending thanks and replying

谢 谢 你！	不 客 气。
Xièxie nǐ!	Bú kèqi!
Thank you!	**You are welcome!**

表示感谢的时候说："谢谢"或"谢谢你"、"谢谢你们"，回答的时候说："不客气。"

To thank somebody, we say Xièxie(Thanks) or Xièxie nǐ, Xièxie nǐmen(Thank you) to which the reply is Bú kèqi (You are welcome / Don't mention it / That's all right, etc.).

2. 称呼(三)　Forms of address (3)

> 先 生、 小 姐
> xiānsheng, xiǎojiě
> **Mr. and Miss**

对成年的男性和年轻女性,可以分别用"先生"和"小姐"来称呼。可在前面加姓或姓名,对有一定身份和地位的人或自己尊敬的人,只加姓,不加名。例如:

Xiānsheng(Mr.) and Xiǎojiě (Miss) are forms of address used for male adults and young women respectively. They can be preceded by a surname or a full name. For a person of higher social status or a person who is respected by the speaker, the form "surname +Xiānsheng / Xiǎojiě" is used only. For example:

```
┌─────────────────────────────────┐
│         姓 + 先生/小姐           │
│   surname + xiānsheng/xiǎojiě   │
└─────────────────────────────────┘
```

白　先生

Bái xiānsheng

王　先生

Wáng xiānsheng

方　小姐, 方　雪芹　小姐

Fāng xiǎojiě, Fāng Xuěqín xiǎojiě

杨　小姐, 杨　丽　小姐

Yáng xiǎojiě, Yáng Lì xiǎojiě

"先生"还用来称呼"老师"或地位较高的知识分子,在这种情况下不分男性和女性。

Xiānsheng is also used for a teacher or an intellectual, male or female.

 **3. 告辞** Bidding farewell

我　该　走　了。

Wǒ gāi zǒu le.

I must go now.

这句话用来表示告辞。"该……了"的结构意思是"It's time to…"。

This is used when bidding farewell. The construction "gāi...le" means "It's time to...".

4. 好 Well, …

好,　方　小姐,　再见。

Hǎo, Fāng xiǎojiě, zàijiàn.

Well, good-bye, Miss Fang.

"好"在这儿单用，表示同意，一般用于口语。

Hǎo means agreement when used in spoken Chinese by itself.

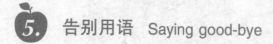

5. 告别用语 Saying good-bye

再见。

Zàijiàn.

Good-bye. ／See you again.

这是最常用的告别用语。回答也是"再见"。

This is a common expression for saying good-bye and is used as a reply.

练 习 *Exercises*

一、将下边的英语翻译成汉语：

Translate the following into Chinese:

(1)Please have (some) tea.

_____。

(2)Thanks.

_____。

(3)You are welcome.

_____。

(4)I must go (now).

_____。

(5)Good-bye.

_____。

二、练习说下边的句子：

Practice the following sentences:

(1) 请 喝 茶。
    Qǐng hē chá.

(2) 谢谢。
    Xièxie!

(3) 不 客 气。
    Bú kèqi!

(4) 王 经理，白 先生 找 您。
    Wáng jīnglǐ, Bái xiānsheng zhǎo nín.

(5) 王 经理，我 该 走 了。
    Wáng jīnglǐ, wǒ gāi zǒu le.

(6) 方 小姐，再见。
    Fāng xiǎojiě, zàijiàn.

(7) 再 见。
    Zàijiàn.

写 汉 字 Writing Demonstration

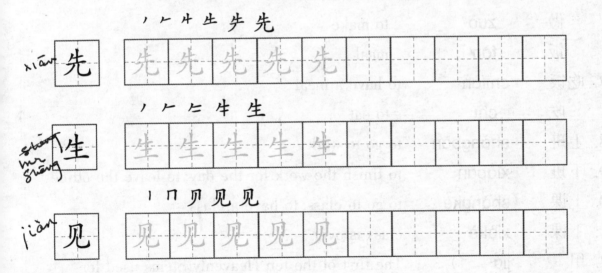

31

你该起床了

Nǐ Gāi Qǐchuáng le

It is time you get up

新 词 语	**New Words and Phrases**

1.	吃	chī	to eat
2.	水果	shuǐguǒ	fruit
3.	抽烟	chōu yān	to smoke; to have a smoke
	抽	chōu	to inhale
	烟	yān	smoke; cigarette
4.	睡觉	shuìjiào	to sleep; to go to bed
5.	起床	qǐchuáng	to get up
	床	chuáng	bed
6.	做饭	zuòfàn	to cook (food)
	做	zuò	to make
	饭	fàn	meal
7.	吃饭	chīfàn	to have a meal
	吃	chī	to eat
8.	上班	shàngbān	to go to work
9.	下班	xiàbān	to finish the work for the day; to leave the office
10.	上课	shàngkè	to go to class; to have a class
11.	下课	xiàkè	class is over
12.	甲	jiǎ	The first of the ten Heavenly Stems used for serial numbers
13.	乙	yǐ	The second of the ten Heavenly Stems used for serial numbers

32

一、用所给句型和图画完成下边句子：

Complete the following sentences with the patterns and pictures given below:

请＋做某事
qǐng + to do something
请 稍 等。
Qǐng shāo děng.

(1) 请＿＿＿＿＿。
　　Qǐng *jìn*　.

(2) 请＿＿＿＿＿。
　　Qǐng *zuò*　.

(3) 请＿＿＿＿＿。
　　Qǐng *hē chá*　.

(4) 请＿＿＿＿＿。
　　Qǐng *chī shuǐguǒ*.

(5) 请＿＿＿＿＿。
　　Qǐng *chōu yān*

33

二、用所给句型完成下边句子：

Complete the following sentences with the patterns given below:

该……了
gāi … le
我 该 走 了。
wǒ gāi zǒu le.

例 *Example:*

甲：你 该 起床 了!
Nǐ gāi qǐ chuáng le.
学生：他 该 起床 了。
Tā gāi qǐ chuáng le.

(1) 甲：我 该 睡觉 了。
Wǒ gāi shuìjiào le.
学生：她 _____。
Tā *gāi shuì jiao le.*

(2) 甲：你 该 做饭 了。
Nǐ gāi zuò fàn le.
乙：我 该 做饭 了。
Wǒ gāi zuò fàn le.
学生：她_____。
Tā_____.

(3) 甲：我 该 吃饭 了。
Wǒ gāi chī fàn le.
学生：他 _____。
Tā_____.

(4) 妻子：你 该 上班 了。
Nǐ gāi shàng bān le.
丈夫：我 该 上班 了。
Wǒ gāi shàng bān le.
学生：他_____
Tā_____

(5) 妻子：我 也 该 上班 了。
Wǒ yě gāi shàng bān le.
学生：她 _____。
Tā _____.

(6) 大家：我们 该 下班 了。
Wǒmen gāi xià bān le.
学生：他们 _____。
Tāmen_____.

(7) 妈妈：你 该 上课 了。
Nǐ gāi shàng kè le.
儿子：我 该 上课 了。
Wǒ gāi shàng kè le.
学生：他 _____。
Tā_____.

(8) 甲：该 下课 了。
Gāi xià kè le.
乙：该 下课 了。
Gāi xià kè le.
学生：他们 _____。
Tāmen_____

34

在中国,人们也常常把烟作为招待男客的一种待客物品。外出谈公事时,跟陌生人初次见面,互报姓名后递上一支烟,可以有助于增加彼此的亲近感。有句话叫"烟酒不分家",意思是在任何利益上你都可以计较得失、彼此,但在烟和酒上面,是不分彼此的。随着近年来人们对于吸烟危害的认识和政府对在公共场合吸烟的禁止,这种习惯已渐渐淡薄。

Despite the fact that smoking is not allowed at public events, especially in cities, male guests are, more often than not, still treated to cigarettes, which are meant ^to bring strangers closer after they have met for the first time on business and after they have become to know to each other. There is a saying in Chinese which goes "cigarettes and wine should be shared by all".

综 合 练 习 *Comprehensive exercises*

一、完成对话:

Complete the following dialogues:

(1) A:您 贵 姓?
　　 Nín guì xìng?

　 B:＿＿＿＿＿＿＿＿。
　　 ＿＿＿＿＿＿＿＿.

(2) A:＿＿＿＿＿＿＿＿?
　　 ＿＿＿＿＿＿＿＿?

　 B:我 姓 方。
　　 Wǒ xìng Fāng.

(3) A:谢 谢。
　　 Xièxie.

　 B:＿＿＿＿＿＿＿＿。
　　 ＿＿＿＿＿＿＿＿.

(4) A:再 见。
　　 Zàijiàn.

　 B:＿＿＿＿＿＿＿＿。
　　 ＿＿＿＿＿＿＿＿.

二、用所给的词完成下边的一段话:

Complete the following passage with the given words:

叫　　姓　　先生　　找
jiào　xìng　xiānsheng　zhǎo

她＿＿＿方,＿＿＿方 雪芹。她＿＿＿＿王 经理。白＿＿＿ 也找 ＿＿＿。
Tā xìng Fāng, jiào Fāng Xuěqín. Tā zhǎo Wáng jīnglǐ. Bái xiānsheng yě zhǎo wáng jīnglǐ

三、请你说:

Speak on the following situations:

35

1. 请你根据图上的提示招待客人：

Please treat the guest as suggested by the pictures:

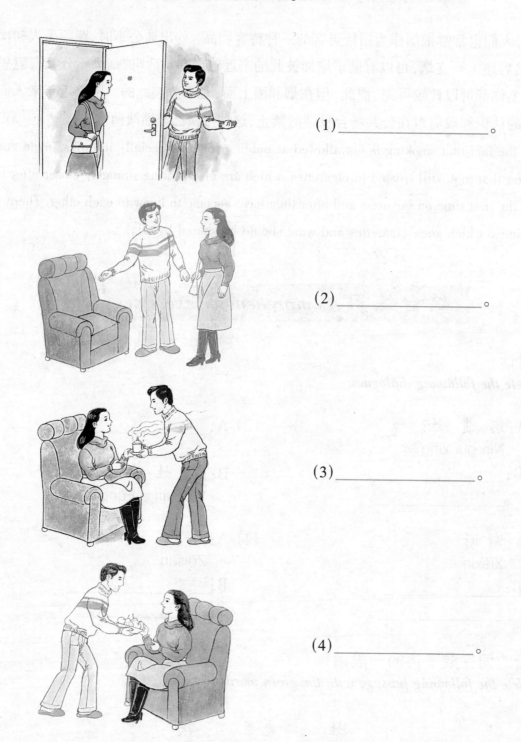

(1)_____。

(2)_____。

(3)_____。

(4)_____。

2. 你去方雪芹的公司拜访方雪芹，你怎样向秘书自我介绍并说明来意。你可以这样开始：

Suppose you go and visit Fang Xueqin in her company. How would you introduce yourself and explain the purpose of your visit to the secretary? You may begin like this:

你 好! 我 叫······

Nǐ hǎo! Wǒ jiào···

1. 注意每组中相同的部分：
   Pay attention to the common sound:

   ch   chī fàn – hē chá – qǐ chuáng

   in   Xuéqín – nín hǎo – qǐng jìn

   ing   jīnglǐ – qǐng jìn – guì xìng – huān yíng

2. 注意区别   ch – q：
   Differentiate ch – q:

   chī fàn – qīzi

   qīzi – qǐ chuáng – chī fàn.

3. 注意声调：
   Tones:

   (1) 四声   *The four tones*

   第 一 声   *The first tone*
   Dì-yī shēng

   bān（班）– chī（吃）– gāi（该）– hē（喝）– jīng（经）

   第 二 声   *The second tone*
   Dì-èr   shēng

   bái（白）– chuáng（床）– nín（您）– wáng（王）– chá（茶）

   第 三 声   *The third tone*
   Dì-sān shēng

   qǐ（起）– qǐng（请）– děng（等）– zǒu（走）– zhǎo（找）

   第 四 声   *The fourth tone*
   Dì-sì shēng

   Xìng（姓）– jìn（进）– zuò（坐）– shàng（上）– xià（下）

   (2) 变 调   *Tone changes*

   两个第三声在一起，前边的第三声要变成第二声，也就是：

When two third tone syllables come in succession, the first one turns into the second tone:

ˇ + ˇ → ˊ + ˇ :

nǐhǎo → níhǎo （你好）

xiǎojiě → xiáojiě （小姐）

shuǐguǒ → shuíguǒ（水果）

课堂用语 *Classroom expressions*

1. 我 没 听 懂。

Wǒ méi tīng dǒng.

I didn't understand (what I listened to).

2. 我 没 听 清楚。

Wǒ méi tīng qīngchu.   *clearly*

I didn't hear it clearly.

3. 这个　用　汉语 怎么　说?

Zhèige　yòng　Hànyǔ zěnme shuō?

What is the Chinese for this?

写汉字 *Writing Demonstration*

	丨 卜 上									
shàng 上	上	上	上	上	上					

	一 丅 下									
xià 下	下	下	下	下	下					

	ˀ 了									
le 了	了	了	了	了	了					

第三课
Dì - sān Kè

LESSON THREE

语 用 范 例 *Examples of Usage*

1. 询问某人 道歉和应答 *Apology and response*

对 不 起。
Duìbuqǐ.
sorry
Sorry.

—没 关 系。
—Méiguānxi.
—*to have not matter*
—It doesn't matter.

2. 询问某人是否在某个地方 *Asking whether someone is at a place*

她 在 家 吗?
Tā zài jiā ma?
she in home (interrogative particle)
Is she in?

3. 询问名字、身份 *Asking for somebody's name and capacity*

你 叫 什么 名字?
Nǐ jiào shénme míngzi?
you to be called what name
May I know your name? / What is your name?

你 是……?
Nǐ shì…?
you to be …
Are you…?

我　介绍　一下。
Wǒ　jièshào　yíxià.
I　to introduce　a little
Let me introduce.

我　是她的　朋友。
Wǒ　shì　tā de　péngyou.
I　to be　her　friend
I am her friend.

YI

PART ONE

请问，这是方雪芹家吗？
Qǐngwèn, Zhè Shì Fāng Xuěqín Jiā Ma?
Excuse me, is this Fang Xueqin's home?

<table>
<tr><td colspan="2">新 词 语</td><td>New Words and Phrases</td></tr>
</table>

1.	对不起	duìbuqǐ	sorry
2.	过路人	guòlùrén	passer-by
3.	没关系	méiguānxi	It doesn't matter.
4.	请问	qǐngwèn	May I ask...? /Excuse me,...
	问	wèn	to ask
5.	号	hào	number
6.	楼	lóu	building
7.	吗	ma	an interrogative particle
8.	不	bù	no, not
9.	那	nà；nèi	that

1. 李	Lǐ	a surname
2. 李文龙	Lǐ Wénlóng	full name of a person

课　文　*Text*

你想向别人询问事情的时候,怎样有礼貌地开口呢?

When you wish to ask somebody for something, how do you do it politely?

(李文龙是方雪芹的一个朋友,他今天是第一次去方雪芹家,他走在楼群之间,光顾抬头找楼号,不留神撞了个人)

(Li Wenlong, a friend of Fang Xueqin's, is going to see Fang in her home. He is looking for the building where Fang lives when he bumps into someone.)

李文龙：　对不起。

　　　　　Duìbuqǐ.

Li :　　Sorry.

过路人：　没关系。

　　　　　Méiguānxi.

Passer-by:　It doesn't matter.

李文龙：　请问，这是2号楼吗?

　　　　　Qǐngwèn,zhè shì èr hào lóu ma?

Li:　　Excuse me, is this Building 2?

过路人：　不是,这是5号楼。(指指远处)那是2号楼。

　　　　　Bú shì, zhè shì wǔ hào lóu.　　　Nà shì èr hào lóu.

Passer-by:　No, this is Building 5. (Pointing to another building) Building 2 is over there.

李文龙：　谢谢。

　　　　　Xièxie.

Li:　　Thank you.

过路人：	不客气。
	Bú kèqi.
Passer-by:	You are welcome.
	（李文龙走进楼里，来到 203 号门前，敲门；方母开门）
	(Li enters the building and has arrived at Flat No. 203. Fang's mother hears him knock and opens the door for him.)
李文龙：	您 好！ 请 问，这 是 方 雪芹家 吗？
	Nín hǎo! Qǐngwèn, zhè shì Fāng Xuěqín jiā ma?
Li:	Good morning! Is this Fang Xueqin's home?
方 母：	是。
	Shì.
Mother:	Yes.

注 释 *Notes*

1. 从 0 – 10 的说法　Counting from 0 – 10

> 0、1、2、3、4、5、6、7、8、9、10
>
> 〇、一、二、三、四、五、六、七、八、九、十
>
> líng、yī、èr、sān、sì、wǔ、liù、qī、bā、jiǔ、shí

在说楼号时，后面往往要加上"楼"；但在说房间号时，常常可以直接用"号"来表示，不需要加上"房间"。例如：

When giving the number of a building, the number is normally followed by the word lóu (building). However, when referring to a room number, the word fángjiān (room) is not always used after hào (number). Here are some examples:

2 号 楼 2 0 3 （号）

èr hào lóu èr líng sān(hào)

No. 203 Building 2

8 号 楼 6 2 5 （号）

bā hào lóu liù èr wǔ (hào)

No. 625 Building 8

9 号 楼 3 3 0 4 （号）

jiǔ hào lóu sān sān líng sì (hào)

No. 3304 Building 9

 2. 疑问语气词"吗" The interrogative particle ma

> 请问，这是 2 号 楼 吗?
>
> Qǐngwèn, zhè shì èr hào lóu ma?
>
> Excuse me, is this Building 2?

"吗"放在陈述句的末尾,用来提问,不需要改变句子中词语的顺序。例如:

The interrogative particle ma is used at the end of a statement to turn it into a question without changing the word order. For example:

(1) 这是 2 号 楼 吗?

Zhè shì èr hào lóu ma?

Is this Building 2?

—是, 这是 2 号 楼。

—Shì, zhè shì èr hào lóu.

—Yes, it is.

(3) 她是 方 雪芹 吗?

Tā shì Fāng Xuěqín ma?

Is she Fang Xueqin?

—是, 她是 方 雪芹。

—Shì, tā shì Fāng Xuěqín.

—Yes, she is.

(2) 这是 2 0 3 号 吗?

Zhè shì èr líng sān hào ma?

Is this No. 203?

—是, 这是 2 0 3 号。

—Shì, zhè shì èr líng sān hào.

—Yes, it is No. 203.

3. 请问，……? Excuse me...

> 请问，这是 2 号 楼吗?
> Qǐngwèn, zhè shì èr hào lóu ma?
> Excuse me, is this Building 2?

"请问，……?"相当于英语的"Excuse me/May I ask"。用在句子的开头,用来客气地、有礼貌地向别人发问。例如:

Qǐngwèn, meaning "Excuse me/May I ask" in English, is a polite expression used at the beginning of a question. For example:

(1) 请问，这是 2 号 楼吗?

　　Qǐngwèn, zhè shì èr hào lóu ma?

　　Excuse me, is this Building 2?

(2) 请问，这是 2 0 3 号 吗?

　　Qǐngwèn, zhè shì èr líng sān hào ma?

　　Excuse me, is this No. 203?

(3) 请问，她是 方 雪芹 吗?

　　Qǐngwèn, tā shì Fāng Xuěqín ma?

　　Excuse me, is she Fang Xueqin?

4. 否定词"不" The negative adverb bù

> 不 是。
> Bú shì.
> No.

"不"用在动词"是"的前面时否定"是"。例如:

The verb shì is negated by using bù (no, not) before it. For example:

(1) 这 不是 2 号 楼。

　　Zhè bú shì èr hào lóu.

　　This is not Building 2.

(2) 这 不是 2 0 3 号。

　　Zhè bú shì èr líng sān hào.

　　This is not No. 203.

(3) 她 不 是 方 雪 芹。

Tā bú shì Fāng Xuěqín.

She is not Fang Xueqin.

"不"还可以用在其他动词和形容词前边,表示否定。例如:

Bù is also used to negate other verbs and adjectives, for example:

(1) 她 不 喝 茶。

Tā bù hē chá.

She does not have tea.

(2) 我 不 吃 水果。

Wǒ bù chī shuǐguǒ.

I do not have fruit.

(3) 抽 烟 不 好。

Chōuyān bù hǎo.

Smoking is not good.

练 习 *Exercises*

一、用下边的例子比较一下汉语和英语的结构和表达法有什么不同:

Compare the following examples and try to find the differences between Chinese and English expressions:

 (1) 2 号 楼 2 0 3(号)
èr hào lóu èr líng sān(hào)　No. 203, Building 2

 9 号 楼 3 3 0 4(号)
jiǔ hào lóu sān sān líng sì (hào)　No. 3304, Building 9

 (2) 这 是 2 0 3 号 吗?
Zhè shì èr líng sān hào ma?　Is this No. 203?

 她 是 方 雪 芹 吗?
Tā shì Fāng Xuěqín ma?　Is she Fang Xueqin?

那 是 她 哥哥 吗?
Nà shì tā gēge ma?　Is that her elder brother?

二、练习说下边的句子：

Practice the following sentences:

(1) 对不起。
　　Duìbuqǐ.

(2) 没 关系。
　　Méi guānxi.

(3) 请问， 这是 2 号楼 吗？
　　Qǐngwèn, zhè shì èr hào lóu ma?

(4) 不是。那是 2 号 楼。
　　Bú shì. Nà shì èr hào lóu.

(5) 请问， 这是 方 雪芹家 吗？
　　Qǐngwèn, zhè shì Fāng Xuěqín jiā ma?

(6) 是，这是 她家。
　　Shì, zhè shì tā jiā.

写 汉字 *Writing Demonstration*

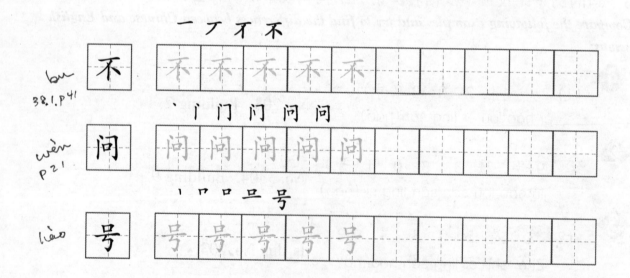

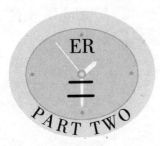

ER
二

PART TWO

你叫什么名字?

Nǐ Jiào Shénme Míngzi?

May I know your name?

1. 在	zài	to be in/at, etc.
2. 的	de	a structural particle
3. 朋友	péngyou	friend
4. 父	fù	father (written)
5. 什么	shénme	what
6. 名字	míngzi	name
7. 介绍	jièshào	to introduce, introduction
8. 一下	yí xià	a bit
9. 伯父	bófù	uncle, a form of address for a friend's father
10. 伯母	bómǔ	aunt, a form of address for a friend's mother

课 文 *Text*

怎样询问对方的名字呢? 怎样为互相不认识的几个人作介绍呢?

How do you ask a person his/her name? How do you introduce people ?

(李文龙到方雪芹家以后,怎么样了?)

(What happens when Li Wenlong arrives at Fang Xueqin's home?)

李文龙:	请问,她在家吗?
	Qǐngwèn, tā zài jiā ma?
Li:	Excuse me, is she in?

47

方 母： 她在家。你是……？

Tā zài jiā.　Nǐ shì…?

Mother: Yes, she is. You are...?

李文龙： 我是她的朋友。

Wǒ shì tā de péngyou.

Li: I'm a friend of hers.

方 母： 请进。

Qǐng jìn.

Mother: Come in, please.

（方母去叫方雪芹）

(Fang's mother goes to tell her.)

方 母： 雪芹——

Xuěqín——

Mother: Xueqin!

方雪芹： 唉。

Āi.

Fang: Yes.

李文龙： （对方父）您好！

Nín hǎo.

Li: (To Fang's father) How do you do!

方 父： 你好！ 请坐，请坐。

Nǐ hǎo!　Qǐng zuò, qǐng zuò.

Father: How do you do! Please sit down.

（方雪芹出来,李文龙起身）

(Li rises when Fang comes out .)

方雪芹： 请坐。

Qǐng zuò.

Fang: Be seated.

方 母： 请喝茶。（坐下后方母问李文龙）你叫 什么 名字?

Qǐng hē chá.　　　　　　　　　　　　　　Nǐ jiào shénme míngzi?

Mother: Have some tea, please.　(After sitting down, Fang's mother asks Li.)

Could you tell me your name?

方雪芹: 我 介绍 一下，这 是 李文龙， 这 是 我 爸爸、妈妈。

Wǒ jièshào yí xià, zhè shì Lǐ Wénlóng, zhè shì wǒ bàba、māma.

Fang: Let me introduce. This is Li Wenlong. They are my parents.

李文龙: 伯父、伯母 好!

Bófù、 bómǔ hǎo!

Li: How do you do!

older generation but friendly (like uncle/aunt)

注　释　*Notes*

1. 动词"在"　The verb zài

她 在 家 吗?
jiā

Tā zài jiā ma?

Is she in?

"在"在这儿是动词，相当于英语的"to be in, to be on, to be at, etc."。对"她在家吗?"这样的问句，肯定的回答是："在"或"在家"；否定的回答是"不在"或"不在家"。

Zài here is a verb, meaning "to be in/on/at, etc." in English. To a question such as "Tā zài jiā ma?", the affirmative answer is "zài" or "zài jiā" and the negative is "Bú zài" or "Bú zài jiā".

2. "的"表示领属关系　De expressing possession

她 的 朋友
tā de péngyou
her friend

这里的"的"表示领属关系。跟英语的对应关系如下：

Here de indicates possession. The following is a list of phrases composed of Chinese pronouns, personal nouns followed by de with their English equivalents:

我 的	你 的	他 的	她 的
wǒ de	nǐ de	tā de	tā de
my, mine	your, yours	his	her, hers

我 们 的	你 们 的	他 们 的
wǒmen de	nǐmen de	tāmen de
our, ours	your, yours	their, theirs

方　雪芹的　　　老　赵　的
Fāng Xuěqín de　　Lǎo Zhào de
Fang Xueqin's　　Old Zhao's

例　*Examples*：

妈妈的　朋友
māma de péngyou
mother's friend

我　的　茶
wǒ de chá
my tea

杨　丽的　朋友
Yáng Lì de péngyou
Yang Li's friend

老　赵　的　烟
Lǎo Zhào de yān
Old Zhao's cigarettes

王　经理的　水果
Wáng jīnglǐ de shuǐguǒ
Manager Wang's fruit

如果领有的对象是亲属、家或家庭，一般不用"的"。例如：

De is not usually used when the word modified is a noun of kinship. For example:

我 爸爸
wǒ bàba
my father

他 女 儿
tā nǚ'ér
his daughter

她　丈夫
tā zhàngfu
her husband

方　雪芹家
Fāng Xuěqín jiā
Fang Xueqin's family

3. 询问姓名　Asking somebody's name

你 叫 什么 名字?

Nǐ jiào shénme míngzi?

What is your name?

用来询问对方的名字。回答时通常应该回答名和姓。比较:

This is a question to ask for a person's name. It is answered with the given name or the surname. Compare the following:

(1) 你 贵 姓?

Nǐ guì xìng?

What is your (sur)name?

—我 姓 杨。

—Wǒ xìng Yáng.

—My (sur)name is Yang.

(2) 你 叫 什么 名字?

Nǐ jiào shénme míngzi?

What is your name?

—我 叫 杨 丽。

—Wǒ jiào Yáng Lì.

—My name is Yang Li.

4. 动词 + 一下　The structure "verb + yíxià"

我 介绍 一下, 这 是 李 文 龙, 这 是 我 爸爸、妈妈。

Wǒ jièshào yíxià, zhè shì Lǐ Wénlóng, zhè shì wǒ bàba、māma.

动词后面加"一下",表示动作经历的时间短暂或动作轻松、随便。在你请求别人做什么事的时候,用这个结构,表示的语气更委婉一些。例如:

Yíxià following a verb indicates that the action is short or informal. This functions to moderate the tone especially when a request is made. For example:

(1) 我 介绍 一下。

Wǒ jièshào yíxià.

Let me introduce.

(2) 我 问 一下。

Wǒ wèn yíxià.

I'd like to ask.

(3) 请 等 一下。

Qǐng děng yíxià.

Please wait for a while.

(4) 请 你 介绍 一下。

Qǐng nǐ jièshào yíxià.

Could you introduce?

5. 称呼(四) Form of address (4)

> ### 伯父、伯母
> bófù、bómǔ

"伯父、伯母"是对父亲的哥哥和嫂子的称呼。在中国,家庭和亲属关系在社会生活中占有特别重要的地位,说话人为了表示自己对被称呼人的尊敬或亲近,常常用亲属称呼来称呼非亲属。所以,在这里,李文龙称方雪芹的父母为"伯父、伯母"。

Bófù and bómǔ are ways of addressing one's father's elder brother and his wife respectively. These kinship terms are more often than not used to address people who are not one's kin to express respect or closeness, as in China, family and relatives play an important role in social life. That is why Li Wenlong in the dialogue addresses Fang Xueqin's parents as bófù (uncle) and bómǔ (aunt).

练 习 Exercises

一、将下边的英语翻译成汉语:

Translate the following into Chinese:

(1) Is Mr. Wang in?

_____。

(2) May I know your name?

_____。

(3) Let me introduce.

_____。

(4) Could you introduce?

_____。

二、练习说下边的句子：

Practice the following sentences:

(1) 请 问， 方 雪 芹 在 家 吗?
    Qǐngwèn,Fāng Xuěqín zài jiā ma?

(2) 她 在 家。
    Tā zài jiā.

(3) 我 是 她 的 朋 友。
    Wǒ shì tā de péngyou.

(4) 你 叫 什 么 名 字?
    Nǐ jiào shénme míngzi?

(5) 我 介 绍 一 下，……
    Wǒ jièshào yíxià,……

(6) 请 你 介 绍 一 下。
    Qǐng nǐ jièshào yíxià.

(7) 这 是 我 爸 爸,这是 我 妈 妈。
    Zhè shì wǒ bàba,zhè shì wǒ māma.

(8) 伯 父、伯 母 好!
    Bófù、bómǔ hǎo!

写汉字 *Writing Demonstration*

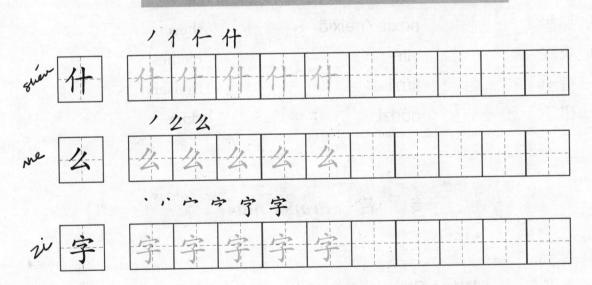

53

方雪芹家在 203 号

Fāng Xuěqín Jiā Zài 203 Hào

Fang Xueqin's flat number is 203

新 词 语 *New Words and Phrases*

1.	客厅	kètīng	sitting room
2.	书房	shūfáng	study
3.	厨房	chúfáng	kitchen
4.	卧室	wòshì	bedroom
5.	卫生间	wèishēngjiān	bathroom/toilet
6.	阳台	yángtái	balcony
7.	这些	zhèxiē/zhèixiē	these
8.	书	shū	book
9.	那些	nàxiē/nèixiē	those
10.	衣服	yīfu	clothes
11.	裤子	kùzi	trousers
12.	裙子	qúnzi	skirt

专 名 *Proper name*

王书友	Wáng Shūyǒu	full name of a person

句型练习 *Sentence pattern drills*

一、用所给句型或结构完成下面的句子：

Complete the following sentences using the patterns given below:

这 是……，那 是……
Zhè shì…，   Nà shì…

例 *Example*：

方雪芹：这 是 我 家 的 客 厅。
　　　　Zhè shì wǒ jiā de kètīng.
学 　生：这 是 方 雪芹家 的 客 厅。
　　　　Zhè shì Fāng Xuěqín jiā de kètīng.

(1) 方雪芹：这是我爸爸的 书 房。
　　　　　Zhè shì wǒ bàba de shūfáng.

学 生：这 是 ＿＿＿＿＿＿＿＿＿＿＿＿＿。
　　　　Zhè shì＿＿＿＿＿＿＿＿＿＿＿＿.

(2) 方雪芹：那 是 我 妈 妈 的 厨 房。
　　　　　Nà shì wǒ māma de chúfáng.

方 　母：什么？ 那 是 我 的 厨 房 吗？
　　　　Shénme? Nà shì wǒ de chúfáng ma?

方雪芹：哦，对不起，妈 妈。那 不 是 我 妈 妈 的
　　　　Ò，duìbuqǐ，māma. Nà bú shì wǒ māma de

　　　　厨 房，那 是 我 家 的 厨 房。
　　　　chúfáng，nà shì wǒ jiā de chúfáng.

学 生：那 是＿＿＿＿＿＿＿＿＿＿＿＿＿＿＿。
　　　　Nà shì＿＿＿＿＿＿＿＿＿＿＿＿＿.

(3) 方雪芹：这 是 我 的 卧 室。　(4)方雪芹：那是我家的 卫生间。
　　　　　Zhè shì wǒ de wòshì.　　　　　　　Nà shì wǒ jiā de wèishēngjiān.

学 生：这 是＿＿＿＿＿。　　　 学 生：那 是＿＿＿＿＿＿＿＿。
　　　　Zhè shì＿＿＿＿＿.　　　　　　　　Nà shì＿＿＿＿＿＿＿＿.

55

(5) 方雪芹：这 是 我 家 的 阳台。

Zhè shì wǒ jiā de yángtái.

学 生：这 是＿＿＿＿＿＿＿＿。

Zhè shì＿＿＿＿＿＿＿.

二、用所给句型或结构完成下边的句子：

Complete the following sentences using the patterns given below:

请问,……?

Qǐngwèn,…?

例 *Example*：

甲：请问, 您 贵 姓?　　乙：我 姓 王。

Qǐngwèn,nín guì xìng?　　Wǒ xìng Wáng.

学生：他 姓 王。

Tā xìng Wáng.

(1) 甲：请问, 你 叫 什 么 名字? (2) 甲：请问, 这些 是 你 的 书 吗?

Qǐngwèn,nǐ jiào shénme míngzi?　　Qǐngwèn,zhèxiē shì nǐ de shū ma?

乙：我 叫 王 书 友。　　乙：是, 是 我 的 书。

Wǒ jiào Wáng Shūyǒu.　　Shì, shì wǒ de shū.

学生：他＿＿＿＿＿＿＿＿。　　学生：这些＿＿＿＿＿＿。

Tā＿＿＿＿＿＿＿.　　Zhèxiē＿＿＿＿＿.

(3) 甲：那些 是 你 的 裤子 吗?

Nàxiē shì nǐ de kùzi ma?

乙：不 是,那些 是 我 哥哥 的 裤子。

Bú shì, nàxiē shì wǒ gēge de kùzi.

学生：那些 不 是＿＿＿＿＿,是＿＿＿＿＿。

Nàxiē bú shì＿＿＿＿＿,shì＿＿＿＿.

(4) 甲：请问, 那些 是 你 的 衣服 吗?

Qǐngwèn,nàxiē shì nǐ de yīfu ma?

乙：不是，那些 不是 我的 衣服，是我 妹妹 的 裙子。

　　Bú shì, nàxiē bú shì wǒ de yīfu, shì wǒ mèimei de qúnzi.

学生：那些 不是＿＿＿＿＿，是＿＿＿＿＿。

　　Nàxiē bú shì＿＿＿＿＿, shì＿＿＿＿＿.

(5)　甲：请问，那是 你家 吗？

　　　Qǐngwèn, nà shì nǐ jiā ma?

　　乙：不，那是 方 雪芹家。

　　　Bù, nà shì Fāng Xuěqín jiā.

学生：那＿＿＿＿＿＿＿＿＿＿。

　　Nà＿＿＿＿＿＿＿＿＿＿.

三、用所给句型或结构完成下边的句子：

Complete the following sentences using the patterns given below:

> 请问，她在家吗？
>
> Qǐnwèn, tā zài jiā ma?
>
> —她在家。
>
> —Tā zài jiā.

例 **Example**：

> 甲：她在家吗？　　　　乙：在，她在她的卧室。
>
> Tā zài jiā ma?　　　　Zài, tā zài tā de wòshì.

> 学生：在，<u>她在她的卧室</u>。
>
> Zài, tā zài tā de wòshì.

(1)　甲：方 雪芹的爸爸在家吗？　(2)　甲：方 雪芹的 妈妈在家吗？

　　　Fāng Xuěqín de bàba zài jiā ma?　　　Fāng Xuěqín de māma zài jiā ma?

　　乙：在，他在 客厅。　　　　　　　乙：在，她在 厨房。

　　　Zài, tā zài kètīng.　　　　　　　Zài, tā zài chúfáng.

学生：在，＿＿＿＿＿＿＿。　　　学生：在，＿＿＿＿＿＿＿。

　　Zài,＿＿＿＿＿＿＿.　　　　　Zài,＿＿＿＿＿＿＿.

（3）甲:方 雪芹 的 哥哥 在 家 吗？

    Fāng Xuěqín de gēge zài jiā ma?

乙:不 在，他 不 在 家。

    Bú zài, tā bú zài jiā.

学生:不 在，＿＿＿＿＿＿＿＿。

    Bú zài, ＿＿＿＿＿＿.

综合练习 *Comprehensive exercises*

一、完成对话：

Complete the following dialogues:

（1）A: 你叫 什么 名字？

    Nǐ jiào shénme míngzi?

B: ＿＿＿＿＿＿＿＿＿＿。

（2）A: 你爸爸 在家 吗？

    Nǐ bàba zài jiā ma?

B: ＿＿＿＿＿＿＿＿＿＿。

（3）A: ＿＿＿＿＿＿＿＿？

B: 她叫 白雪。

    Tā jiào Bái Xuě.

（4）A: 这些 是 你 的 衣服 吗？

    Zhèxiē shì nǐ de yīfu ma?

B: ＿＿＿＿＿＿＿＿＿＿。

（5）A: *Duìbuqǐ* X.

B: 没关系。

    Méi guānxi.

（6）A: 请问，这 是 5 号 楼 吗？

    Qǐngwèn, zhè shì wǔ hào lóu ma?

B: ＿＿＿，＿＿＿＿＿＿＿。

（7）A: 请问，这些 是 你 的 书 吗？

    Qǐngwèn, zhèxiē shì nǐ de shū ma?

B: ＿＿＿，＿＿＿＿＿＿＿＿。

二、用所给的词完成下边的一段话：

Complete the following passage with the words given:

朋友、介绍

péngyou, jièshào

我＿＿＿＿＿一下，这是我的＿＿＿＿＿，他 叫＿＿＿＿＿。

wǒ ＿＿＿＿yíxià, zhè shì wǒ de＿＿＿＿ ,tā jiào＿＿＿＿＿.

58

Speak on the following situations:

用你家的图或照片向大家介绍一下你的家。你可以这样开始：

Introduce your home to the class with a picture.   You can start like this:

这是……客厅（书房、卧室、厨房、卫生间、阳台）

Zhè shì … kètīng (shūfáng, wòshì, chúfáng, wèishēngjiān, yángtái)

语音练习 *Pronunciation drills*

1. 注意每组中相同的部分：

Pay attention to the common sounds:

sh jièshào – shénme – wòshì – shūfáng – wèishēngjiān

x   xiānsheng – xiàkè – méiguānxi – xuésheng

2. 注意区别 zh – ch – sh：

Differentiate zh – ch – sh:

Lǎo Zhào – jièshào

shūfáng – chúfáng

Lǎo Zhào zài shūfáng,   Xiǎo Zhào zài chúfáng.

Lǎo Zhào jièshào Xiǎo Zhào,   Xiǎo Zhào bú jièshào Lǎo Zhào.

3. 注意声调：

Tones

（1）下边的词最后一个音节都是轻声：

The final syllables in the following words are in the neutral tone:

kùzi – qúnzi – míngzi – yīfu – shénme – bú kèqi – xièxie

（2）当"不"（bù）的后边是第四声的时候，"不"就要变成第二声，也就是：

When followed by a fourth tone syllable, Bù turns into the second tone which is read like ⌐ this: bù + ⌐ → bú + ⌐

bú kèqi（不客气）– bú shì（不是）– bú zài（不在）– bú qù（不去）

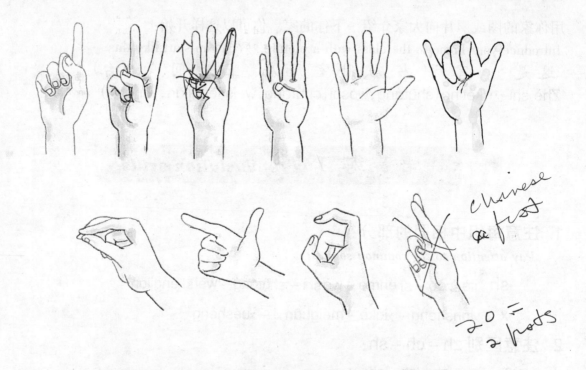

chinese
at first

20 =
2 foots

写汉字 *Writing Demonstration*

wǒ	我	丶 一 千 千 手 我 我 我
		我 我 我 我 我

de	的	丶 亻 竹 白 白 的 的 的
		的 的 的 的 的

jiā	家	丶 丶 宀 宀 宁 宁 宁 宁 家 家 家
		家 家 家 家 家

第四课
Dì - sì Kè

LESSON FOUR

语 用 范 例 *Examples of Usage*

1. 询问意向 *Asking about intentions*

你 喝 什么，茶 还是 可乐?
Nǐ hē shénme, chá háishi kělè?
you to drink what, tea or cola
What do you drink, tea or cola?

2. 寒暄 *Exchanging greetings*

最近 你 忙 不 忙?
Zuìjìn nǐ máng bù máng?
recently you busy not busy
Have you been busy recently?

—我 很 忙, 你 呢?
—Wǒ hěn máng, nǐ ne?
—*I very busy, you(interrogative particle)*
—I am (busy), and you?

—我 也 很 忙。
—Wǒ yě hěn máng.
—*I also very busy*
—So am I.

3. 谈论国籍　*Talking about nationality*

他 是 哪 国 人?
Tā shì nǎ guó rén?
he to be which country person
Where (Which country) is he from?

—他 是 美国人。
—Tā shì Měiguórén.
—*he to be American*
—He is American.

4. 询问身份及与对方的关系　*Asking about status and relationships*

他 是 谁?
Tā shì shéi?
he to be who
Who is he?

—他 是 我 的 男朋友。
—Tā shì wǒ de nánpéngyou.
—*he to be my boyfriend*
—He is my boyfriend.

YI

PART ONE

最近你忙不忙?
Zuìjìn Nǐ Máng Bù Máng?

Have you been busy recently?

新 词 语　*New Words and Phrases*

1. 还是	háishi	or
2. 可乐	kělè	cola
3. 最近	zuìjìn	recently
4. 忙	máng	busy
5. 很	hěn	very

| 6. 呢 | ne | an interrogative particle |
| 7. 也 | yě | also; too |

| 1. 丁 | **Dīng** | a surname |
| 2. 丁璐璐 | **Dīng Lùlu** | full name of a person |

课　文　*Text*

怎样征询别人的意见？怎样和别人寒暄呢？

How do you ask somebody for his/her opinion? How do you exchange greetings?

（丁璐璐是方雪芹的大学同学，也是好朋友，今天她来到方雪芹家。）

(Ding Lulu is Fang Xueqin's friend and they were classmates at college. Today she comes to Fang's home)

丁璐璐：	嘿，雪芹！
	Hēi, Xuěqín!
Ding:	Hi, Xueqin!
方雪芹：	璐璐，请进！请进！
	Lùlu, qǐng jìn! qǐng jìn!
Fang:	Hi, Lulu. please come in!
	（丁璐璐进屋，坐下；方雪芹招待她）
	(Ding enters and sits down. Fang offers her a drink.)
方雪芹：	你喝什么，茶还是可乐？
	Nǐ hē shénme, chá háishi kělè?
Fang:	What do you drink, tea or cola?

63

丁璐璐：	我 喝 可乐。
	Wǒ hē kělè.
Ding:	Cola, please.
	（方雪芹拿来可乐）
	(Fang brings cola.)
方雪芹：	最 近 你 忙 不 忙?
	Zuìjìn nǐ máng bù máng?
Fang:	Have you been busy recently?
丁璐璐：	我 很 忙。你 呢?
	Wǒ hěn máng. Nǐ ne?
Ding:	Yes, I am (busy), and you?
方雪芹：	我 也 很 忙。
	Wǒ yě hěn máng.
Fang:	So am I.

注 释 *Notes*

 1. 称呼（五） Forms of address (5)

雪芹
Xuěqín

对于名字是两个字的人,在亲戚、朋友、熟人之间,常常会省掉姓而直呼其名,这样显得比较亲密。但是如果名字是单字的,一般连名带姓一起称呼。有时也会省掉姓,在名前面加"小——"或重复单名来称呼他/她。比如:杨丽,叫她"小丽"或"丽丽",不过这种称呼一般只有其父母或非常亲密的人才会用,一般关系的人不能贸然使用这种称呼,尤其是男性对于女性。

We may address a relative, a friend or an acquaintance by his/her given name if the name consists of two characters （that is, with the surname omitted） to show closeness. However, if the name consists of a single character, we usually address him/her by his/her full name （that is, surname + given name）. Sometimes we may use the form "Xiǎo + given name" or repeat the single character of the given name, for example, Yáng Lì may be called Xiǎo Lì or Lìli. Note that this form of address is only used by his/her kin or those who are very close to him/her. Normally we don't address people like this, especially a female person.

 2. 选择疑问句   Alternative questions

> 你 喝 什么，茶 还是 可乐?
>
> Nǐ hē shénme, chá háishi kělè?
>
> What do you drink, tea or cola?

这个句型用来询问意向，A 和 B 是两种选择条件。有两种情况：

These kind of questions, which offer two alternatives (A and B), are used to ask for opinions. There are two forms:

1.　……，A 还是 B?

　　Verb-phrase, A háishi B?

　(1) 你 喝 什么，茶 还是 咖啡?

　　　Nǐ hē shénme, chá háishi kāfēi?

　　　What do you drink, tea or coffee?

　(2) 她 叫 什么 名字，杨 丽还是 丁 璐璐?

　　　Tā jiào shénme míngzi, Yáng Lì háishi Dīng Lùlu?

　　　What is her name, Yang Li or Ding Lulu?

　(3) 你 姓 什么，姓 张 还是 姓 王?

　　　Nǐ xìng shénme, xìng Zhāng háishi xìng Wáng?

　　　What is your surname, Zhang or Wang?

2.　动词 + A + 还是 + 动词 + B?

　　Verb + A + háishi + verb + B?

　(1) 你 喝 茶还是 喝 咖啡?

　　　Nǐ hē chá háishi hē kāfēi?

　　　Do you have tea or coffee?

(2) 她叫 丁璐璐还是 叫 杨 丽?

Tā jiào Dīng Lùlu háishi jiào Yáng Lì?

Is her name Ding　Lulu or Yang Li?

(3) 你 姓 张 还是 姓 王?

Nǐ xìng Zhāng háishi xìng Wáng?

Is　your　surname Zhang or　Wang?

(4) 你 抽 烟 还是 吃 水果?

Nǐ chōu yān háishi chī shuǐguǒ?

Do you　have a cigarette or some fruit?

3. 正反疑问句　Affirmo-negative questions

最近你 忙 不 忙?

Zuìjìn nǐ máng bù máng?

Have you been busy recently?

我们学过用"……吗?"来提问的方式,现在我们再来学习另一种提问方式:

We have learnt about questions in the form of "...ma?".　Now we deal with another question form:

形容词 + 不 + 形容词

adjective + bù + adjective

最近你 忙 不 忙?　　—我 很 忙。

Zuìjìn nǐ máng bù máng?　—Wǒ hěn máng.

Have you been busy recently?　Yes, I have been(busy).

动词也可以用这种形式:

This form can also be used with verbs.

动词 + 不 + 动词

verb + bù + verb

66

(1) 你喝不喝咖啡?

Nǐ hē bù hē kāfēi?

Do you have coffee (or not)?

—我喝。

— Wǒ hē.

—Yes, I do.

(2) 她吃不吃 水果?

Tā chī bù chī shuǐguǒ?

Does she have fruit (or not)?

—她不吃。

— Tā bù chī.

—No, she doesn't.

(3)他是不是李文龙?

Tā shì bú shì Lǐ Wénlóng?

Is he Li Wenlong (or not)?

—他是李文龙。

— Tā shì Lǐ Wénlóng.

—Yes, he is (Li Wenlong).

(4) 方雪芹在不在家?

Fāng Xuěqín zài bú zài jiā?

Is Fang Xueqin at home (or not)?

—她不在家。

— Tā bú zài jiā.

—No, she isn't.

 4. 疑问语气词"呢" The interrogative particle ne

我很 忙。你呢?

Wǒ hěn máng. Nǐ ne?

Yes, I am busy, and you?

noun/pronoun. +呢,构成省略的疑问句,和英语的"And _____?"和"What about _____?"相似。

The question formed by noun/pronoun. + ne is similar to "And...?" and "What about...?" in English.

 5. "也"在句子中的位置 The position of yě in a sentence

我也很 忙。

Wǒ yě hěn máng.

I am busy, too.

"也"一般放在动词/形容词前面,动词/形容词前面有副词/"不"时,就放在副词/"不"前面。

Yě is used in front of a verb or adjective and before bù modifying the verb or adjective.

也 +（不／副词）+ 动词／形容词

yě + (bù/adverb) + verb/adjective

(1) 我 也 很 忙。

Wǒ yě hěn máng.

I am also busy.

(2) 他 也 不 知道。

Tā yě bù zhīdao.

He also doesn't know/He doesn't know either.

(3) 我 丈夫 也 不 抽烟。

Wǒ zhàngfu yě bù chōu yān.

My husband doesn't smoke either.

练 习 *Exercises*

一、将 "……吗？" 句型改为 "形容词／动词 + 不 + 形容词／动词？"：

Put the following questions into the pattern " adjective／verb +bù + adjective／verb?"

例：你 喝 茶 吗？   → 你 喝 不 喝 茶？

    Nǐ hē chá ma?   → Nǐ hē bù hē chá ?

(1) 你 忙 吗？   → _____?

    Nǐ máng ma?   → _____?

(2) 你 抽 烟 吗？   → _____?

    Nǐ chōu yān ma?   → _____?

(3) 你 吃 水果 吗？   → _____?

    Nǐ chī shuǐguǒ ma?   → _____?

(4) 你 妈妈 在 家 吗？   → _____?

    Nǐ māma zài jiā ma?   → _____?

(5) 他 是 你 的 朋友 吗？   → _____?

    Tā shì nǐ de péngyou ma?   → _____?

二、练习说下边的句子：

Practice the following sentences.

(1) 你 喝 什么，茶 还是 可乐？

    Nǐ hē shénme, chá háishi kělè?

(2) 我 喝 可乐。

    Wǒ hē kělè.

(3) 最近你忙不忙?
Zuìjìn　nǐ máng bù máng?

(4) 我很忙。你呢?
Wǒ hěn máng. Nǐ ne?

(5) 我也很忙。
Wǒ　yě hěn máng.

(6) 你丈夫忙不忙?
Nǐ zhàngfu máng bù máng?

(7) 他很忙。你丈夫呢?
Tā hěn máng. Nǐ zhàngfu ne?

(8) 他也很忙。
Tā yě hěn máng.

写汉字 Writing Demonstration

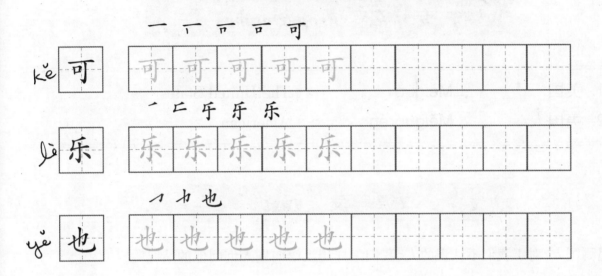

他是哪国人?
Tā Shì Nǎ Guó Rén?

Where（Which country）is he from?

新词语 New Words and Phrases

1. 都	dōu	all
2. 哪	nǎ; něi	which

3. 国	guó	country
4. 人	rén	person
5. 女朋友	nǔpéngyou	girlfriend
6. 谁	shéi/shuí	who; whom
7. 男朋友	nánpéngyou	boyfriend
8. 知道	zhīdao	to know
9. 朋友	péngyou	friend

专 名 *Proper names*

1. 美国	Měiguó	The United States
2. 美国人	Měiguórén	American

课 文 *Text*

他是哪国人?对于我们不认识的人,我们怎样用汉语向别人询问他的情况呢?

Where(Which country) is he from? How do you ask questions about a stranger?

（方雪芹和丁璐璐在方雪芹的房间看相册）

(Fang Xueqin and Ding Lulu are looking at an album in Fang's room.)

方雪芹: 他们 都 是 我 的 朋友。

Tāmen dōu shì wǒ de péngyou.

Fang: They are my friends.

丁璐璐: （指一外国青年)他 是 哪 国 人?

Tā shì nǎ guó rén?

Ding: (Pointing to a foreign young man) Where (Which country) is he from?

方雪芹: 他 是 美国人。(指一女孩)这 是 他 女 朋 友。

Tā shì Měiguórén.　　　　Zhè shì tā nǔpéngyou.

Fang: He is American. (Pointing to a girl) This is his girlfriend.

丁璐璐:	(指照片上的李文龙)他 是 谁?
	Tā shì shéi?
Ding:	(Pointing to Li Wenlong in a picture) Who is this?
方雪芹:	他 也 是 我 的 朋友。
	Tā yě shì wǒ de péngyou.
Fang:	He is also my friend.
丁璐璐:	他 叫 什么 名字?
	Tā jiào shénme míngzi?
Ding:	What is his name?
方雪芹:	他 叫 李 文 龙。
	Tā jiào Lǐ Wénlóng.
Fang:	He is Li Wenlong.
丁璐璐:	他 是 不 是 你 男 朋 友?
	Tā shì bú shì nǐ nánpéngyou?
Ding:	Is he your boyfriend?
方雪芹:	(笑笑说)不 知 道。
	Bù zhīdao.
Fang:	(Smiling) I have no idea.

注　释　Notes

 都　The adverb dōu

他们 都 是 我 的 朋友。

Tāmen dōu shì wǒ de péngyou.

They are all my friends.

"都"和"也"在句子中的位置一样,放在动词前边,要是有副词时,放在副词前边。要是"都"和"也"放在一起,"也"放在"都"前边。

Both dōu and yě are used before the verb in a sentence and before the adverb when there is one.

71

When both of them appear in the same sentence, yě precedes dōu. ✓

(1) 他 是 我 的 朋友。
Tā shì wǒ de péngyou.
He is my friend.

(2) 她 也 是 我 的 朋友。
Tā yě shì wǒ de péngyou.
She is my friend, too.

(3) 他们 都 是 我 的 朋友。
Tāmen dōu shì wǒ de péngyou.
They are all my friends.

(4) 她们 也 都 是 我 的 朋友。
Tāmen yě dōu shì wǒ de péngyou.
They are all my friends, too.

2. 询问身份及关系 Asking about status and relationships

他 是 谁?
Tā shì shéi?
Who is he?

他 也 是 我 的 朋友。
Tā yě shì wǒ de péngyou.
He is my friend, too.

与英语的"Who is he?"不同,"他是谁?"的回答常常不是直接回答他叫什么名字,而是回答他与自己的关系或与问话人认识的某个人的关系,或者是他的身份。

The Chinese question "Tā shì shéi?" is answered by giving the relationship to, or status of, the speaker or the person the questioner knows rather than his name as in the case of answering the question "Who is he?" in English.

3. 特殊疑问句的词序 Word order of a special question

他 叫 什么 名字?
Tā jiào shénme míngzi?
What is his name?

他 叫 李 文龙。
Tā jiào Lǐ Wénlóng.
His name is Li Wenlong.

在汉语里,特殊疑问句的词序和陈述句基本上是一致的。例如:

In Chinese, the word order of a special question is normally the same as that of a statement. For

72

example:

(1) 他是哪国人?

Tā shì nǎ guó rén?

Where (Which country) is he from?

—他是美国人。

— Tā shì Měiguórén.

—He is American.

(2) 他是谁?

Tā shì shéi?

Who is he?

—他是我的朋友。

— Tā shì wǒ de péngyou.

—He is my friend.

(3) 他叫什么名字?

Tā jiào shénme míngzi?

What is his name?

—他叫李文龙。

—Tā jiào Lǐ Wénlóng.

—His name is Li Wenlong.

 4. "男"和"女" nán and nǚ

他是不是你男朋友?

Tā shì bú shì nǐ nánpéngyou.

Is he your boyfriend?

(1) 朋友

péngyou

friend

男朋友

nánpéngyou

boyfriend

女朋友

nǚpéngyou

girlfriend

(2) 老师

lǎoshī

teacher

男 老师	女 老师
nán lǎoshī	nǚ lǎoshī
male teacher	female teacher

(3) 同 学
tóngxué
classmate

男　同 学	女 同 学
nán tóngxué	nǚ tóngxué
boy classmate	girl classmate

练　习　*Exercises*

一、用下边的例子比较一下汉语和英语的结构和表达法有什么不同。

Compare the following examples and try to find the differences between Chinese and English expressions.

你叫 什么 名字?
Nǐ jiào shénme míngzi?

What's your name?

你姓 什么?
Nǐ xìng shénme?

What's your surname?

谁 是 你 的 经理?
Shéi shì nǐ de jīnglǐ?

Who is your manager?

谁 在 厨房?
Shéi zài chúfáng?

Who is in the kitchen?

你 找 谁?
Nǐ zhǎo shéi?

Who is the person you want to see?

你 是 哪 国 人?
Nǐ shì nǎ guó rén?

Which country are you from?

哪些 是 你 的 衣服?
Nǎxiē shì nǐ de yīfu?

Which are your clothes?

二、练习说下边的句子：

Practice the following sentences:

(1) 他 是 谁?
Tā shì shéi?
他 是 我 的 朋友，
Tā shì wǒ de péngyou,
她 也 是 我 的 朋友，
Tā yě shì wǒ de péngyou,
他们 都 是 我 的 朋友。
Tāmen dōu shì wǒ de péngyou.

(2) 他们 是 哪 国 人?
Tāmen shì nǎ guó rén?
他 是 美国人，
Tā shì Měiguórén,
她 也 是 美国人，
Tā yě shì Měiguórén,
他们 都 是 美国人。
Tāmen dōu shì Měiguórén.

(3) 她 是 我 女 朋友。
Tā shì wǒ nǚpéngyou.

(4) 他 是 她 男 朋友。
Tā shì tā nánpéngyou.

(5) 我 不 知道 她 是 哪 国 人。
Wǒ bù zhīdao tā shì nǎ guó rén.

写汉字 *Writing Demonstration*

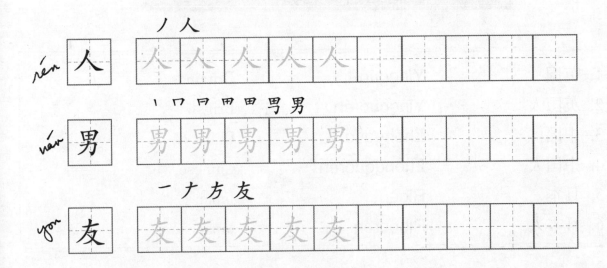

SAN
三
PART THREE

他是谁？
Tā Shì Shéi?
Who is he?

新 词 语 *New Words and Phrases*

1.	咖啡	kāfēi	coffee
2.	酸奶	suānnǎi	yogurt
3.	冰激凌	bīngjilíng	ice cream
4.	冷饮	lěngyǐn	cold drinks
5.	渴	kě	thirsty
6.	累	lèi	tired
7.	同事	tóngshì	colleague
8.	同学	tóngxué	classmate; school mate
9.	老师	lǎoshī	teacher

专 名 *Proper names*

1.	英国	Yīngguó	Britain
2.	英国人	Yīngguórén	British
3.	中国	Zhōngguó	China
4.	中国人	Zhōngguórén	Chinese
5.	日本	Rìběn	Japan
6.	日本人	Rìběnrén	Japanese

句型练习 *Sentence pattern drills*

一、用所给句型完成下边句子：

Complete the following sentences according to the patterns given below:

你喝 什么，茶 还是 可乐？
Nǐ hē shénme, chá háishi kělè?

例 *Example*：

甲：你喝 什么，茶 还是 咖啡？ 乙：我 喝咖啡。
Nǐ hē shénme, chá háishi kāfēi? Wǒ hē kāfēi.

学生：他 喝 咖啡。
Tā hē kāfēi.

(1) 甲:你喝 什么,可乐 还是 酸奶？ (2) 甲:你吃 冰激凌 还是 喝 酸奶？
Nǐ hē shénme, kělè háishi suānnǎi? Nǐ chī bīngjilíng háishi hē suānnǎi?

乙:谢谢,我 不 喝 冷饮,我 喝 茶。 乙:我吃 冰激凌。
Xièxie, wǒ bù hē lěngyǐn, wǒ hē chá. Wǒ chī bīngjilíng.

学生:她＿＿＿＿＿＿＿＿＿＿＿。 学生:他＿＿＿＿＿＿＿＿＿＿＿。
Tā＿＿＿＿＿＿＿＿＿＿＿. Tā＿＿＿＿＿＿＿＿＿＿＿.

二、根据旁边图上的提示,用句型完成提问：

Complete the following questions according to the pictures:

例 *Example:*

学 生：你喝 什么，茶 还是咖啡？
Nǐ hē shénme, chá háishi kāfēi?

乙：我 喝咖啡。
Wǒ hē kāfēi.

(1) 学　生：你_____，_____？

Nǐ_____，_____？

乙：我 不 喝 冷饮，我 喝 茶。

Wǒ bù hē lěngyǐn, wǒ hē chá.

(2) 学　生：你_____，_____？

Nǐ_____，_____？

乙：我 吃 冰激凌。

Wǒ chī bīngjilíng.

三、根据所提示的句型,用所给的词完成对话：

Complete the following dialogues using the words and pattern given:

> 形容词／动词＋不＋形容词／动词？
>
> adjective／verb ＋bù＋ adjective／verb?

例　**Example**：

学　生：最近你 忙 不 忙? （忙）
Zuìjìn nǐ máng bù máng? (máng)

乙：我 很 忙。你 呢?
Wǒ hěn máng. Nǐ ne?

学　生：我 也 很 忙。
Wǒ yě hěn máng.

问：他们 忙 不 忙?
Tāmen máng bù máng?

学　生：他们 都 很 忙。
Tāmen dōu hěn máng.

(1) 学　生：你_____?

Nǐ_____?

乙：我 很 忙。
Wǒ hěn máng.

学　生：我_____。（也）
Wǒ_____. (yě)

问：他们 忙 不 忙?
Tāmen máng bù máng?

学　生：他们_____。（都）
Tāmen_____. (dōu)

(2) 学　生：你_____? （渴）

Nǐ_____? (kě)

乙：我 很 渴。你 呢?
Wǒ hěn kě. Nǐ ne?

学　生：我_____。（也）
Wǒ_____. (yě)

问：他们 渴 不 渴?
Tāmen kě bù kě?

学　生：他们_____。（都）
Tāmen_____. (dōu)

(3) 学　生：你＿＿＿＿？（累）
　　　　　 Nǐ＿＿＿＿.（lèi）
　　　　乙：我　很　累。你　呢？
　　　　　 Wǒ hěn lèi.　Nǐ ne?
　　 学　生：我＿＿＿＿。（也）
　　　　　 Wǒ＿＿＿＿.（yě）
　　　　问：他们　累　不　累？
　　　　　 Tāmen lèi bú lèi?
　　 学　生：他们＿＿＿＿。（都）
　　　　　 Tāmen＿＿＿＿.（dōu）

四、根据对话完成下边的句子：

Complete the sentences on the following dialogues:

　　他　是　谁？
　　Tā　shì　shéi?
　　他　也　是　我　的　朋　友
　　Tā　yě shì　wǒ de　péngyou.

例　*Example*：

　　　问：他　是　谁？
　　　　　 Tā shì　shéi?
　 方雪芹：他　是　我　的老师，我　是　他　的　学生。
　　　　　 Tā　shì　wǒ　de lǎoshī, wǒ　shì　tā de xuésheng.
　 学　生：他是　方　雪芹的老师，方　雪芹是他的　学　生。
　　　　　 Tā shì Fāng Xuěqín de lǎoshī, Fāng Xuěqín shì　tā de xuésheng.

(1) 　 问：她是　谁？
　　　　　 Tā shì shéi?
　 方雪芹：她是　我　的　同学。
　　　　　 Tā shì wǒ de tóngxué.
　 学　生：她＿＿＿＿＿＿。
　　　　　 Tā＿＿＿＿＿＿.

(2) 　 问：她是　谁？
　　　　　 Tā shì shéi?
　 方雪芹：她是　我　的　同事。
　　　　　 Tā shì wǒ de tóngshì.
　 学　生：她＿＿＿＿＿＿。
　　　　　 Tā＿＿＿＿＿＿.

(3) 　 问：他是　谁？
　　　　　 Tā shì shéi?
　 方雪芹：他是　我　男　朋友。
　　　　　 Tā shì wǒ nánpéngyou.
　 学　生：他＿＿＿＿＿＿。
　　　　　 Tā＿＿＿＿＿＿.

五、根据对话回答问题：

Answer the questions on the following dialogues:

他 是 哪 国 人？
Tā shì nǎ guó rén?
他 是 美 国 人。
Tā shì Měiguórén.

例 *Example*：

甲：你 是 哪 国 人？　　　　乙：我 是 英 国 人。
　　Nǐ shì nǎ guó rén?　　　　　Wǒ shì Yīngguórén.

问：他 是 哪 国 人？　　　学 生：他 是 英 国 人。
　　Tā shì nǎ guó rén?　　　　　Tā shì Yīngguórén.

(1) 甲：你 是 哪 国 人？　　　(2) 甲：你 是 哪 国 人？
　　　Nǐ shì nǎ guó rén?　　　　　　　Nǐ shì nǎ guó rén?

　　乙：我 是 中 国 人。　　　　　乙：我 是 日 本 人。
　　　Wǒ shì Zhōngguórén。　　　　　Wǒ shì Rìběnrén?

　　问：他 是 哪 国 人？　　　　　问：他 是 哪 国 人？
　　　Tā shì nǎ guó rén?　　　　　　　Tā shì nǎ guó rén?

　　学 生：_____。　　　　学 生：_____。

综合练习 *Comprehensive exercises*

一、完成对话：

Complete the following dialogues:

(1) A：你 是 ___ 国 人？　　　(2) A：你 叫 什么 名字？
　　　Nǐ shì ___ guó rén?　　　　　　Nǐ jiào shénme míngzi?

　　B：_____ 美 国 人。　　　　　B：_____。
　　　_____ Měiguórén.

　　A：___ 呢？　　　　　　　　A：你 是 哪 国 人？
　　　___ ne?　　　　　　　　　　Nǐ shì nǎ guó rén?

　　B：他 _____ 美 国 人。　　　B：_____。
　　　Tā _____ Měiguórén.

　　　　　　　　　　　　　　　A：他 是 谁？
　　　　　　　　　　　　　　　　Tā shì shéi?

　　　　　　　　　　　　　　　B：_____。

　　　　　　　　　　　　　　　A：他 叫 什么 名字？
　　　　　　　　　　　　　　　　Tā jiào shénme míngzi?

　　　　　　　　　　　　　　　B：_____。

80

二、用所给的词完成下边的一段话：

Complete the following passage with the given words:

我 叫 ____，我 是 ____人。他 是 我 的 ____，他 叫 ____，他 也 是 ____人。

Wǒ jiào____, wó shì____ rén. Tā shì wǒ de ____, tā jiào____, tā yě shì ____rén.

三、请你说：

Speak about the following situations.

(1)在一次聚会中,你介绍你的同事和你以前的同学互相认识。你可以这样开始：

At a party, you introduce your colleagues to your former classmates. You may start like this:

我 介 绍 一 下。这 是……。他 叫……。

Wǒ jièshào yíxià. Zhè shì…. Tā jiào…

(2)朋友来你家拜访,请你招待他/她。你可以说这样的话：

A friend of yours comes to visit you at home and you offer him/her something. You may say something like this:

你 喝/吃 什 么,……?

Nǐ hē/chī shénme,……?

语 音 练 习 *Pronunciation drills*

1. **注意每组中相同的部分：**

   Pay attention to the common sounds:

   k   kāfēi – kělè – wǒ kě le – xià kè

   e   hē chá – bàba hé māma – kělè – wǒ kě le – shàng kè

   uo Zhōngguó – shuǐguǒ – Měiguó – qǐng zuò

2. **注意区别 g – k – h：**

   Differentiate g – k – h:

   gēge – kělè – wǒ hé gēge

   Gēge kě le, gēge hē kělè,

   Wǒ yě kě le, wǒ yě hē kělè,

   Wǒ hé gēge dōu hē kělè.

3. 注意声调:

Tones

第一声　　***The first tone***
Dì-yī shēng

zhōng（中）– yīng（英）– shī（师）– suān（酸）– dōu（都）

第二声　　***The second tone***
Dì-èr shēng

máng（忙）– guó（国）– rén（人）– nán（男）– shéi（谁）

第三声　　***The third tone***
Dì-sān shēng

hěn（很）– yě（也）– nǎ（哪）– nǎi（奶）– kě（渴）

第四声　　***The fourth tone***
Dì-sì shēng

lèi（累）– shì（事）– lè（乐）– rì（日）– jìn（近）

走马观花 *A Glimpse of Modern Chinese Culture*

从今天开始,在每课的最后,我们将带大家一起"走马观花",去看看中国生活的方方面面中的点点滴滴。让我们先看看地图,了解一下中国的大概情况。

From today on, at the end of each lesson, we'll show you some aspects of life in China under the title *A Glimpse of Modern Chinese Culture*. We start with a brief introduction to the geography of China. Let us see the map first.

中国概况（一）
General information about China (1)

中国在亚洲的东部,太平洋的西岸。中国大约有 960 万平方公里的面积。长江和黄河,是中国最重要的两条河流。

中国现在有 23 个省、4 个直辖市、5 个少数民族自治区和香港特别行政区、澳门特别行政区。大约有 13 亿的人口、56 个民族居住在这片辽阔的国土上。

首都北京是中国最大的城市之一,也是全国的政治、文化、经济中心。

Situated in the east of Asia, China is on the western coast of the Pacific Ocean. The area of China is about 9. 60 million square kilometers and the two most important rivers are the Yangtze and Yellow Rivers.

There are 23 provinces, 4 cities directly under the central government, 5 autonomous regions of national minorities and the special administrative regions of Hong Kong and Macao . China's vast territory is populated by about 1. 3 billion people of 56 nationalities.

写汉字 *Writing Demonstration*

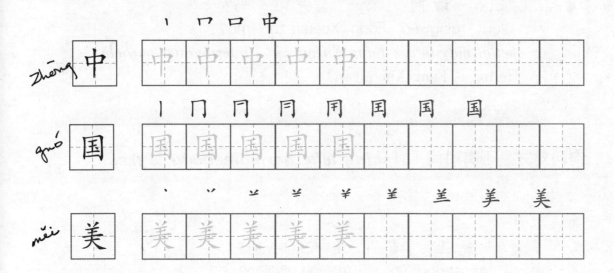

LESSON FIVE

Dì - wǔ Kè

语 用 范 例 *Examples of Usage*

1. 电话找人 *Calling somebody over the phone*

喂， 请问 方 雪芹在 吗?
Wéi, qǐngwèn Fāng Xuěqín zài ma?
hello, may to ask Fang Xueqin in (interrogative particle)
Hello, is Fang Xueqin in?

2. 询问对方是否有时间 *Asking whether somebody is free*

晚上 有 没有 时间?
Wǎnshang yǒu méiyǒu shíjiān?
evening to have not to have time
Are you free in the evening?

3. 征询意见 *Asking for an opinion*

晚上 一起 吃饭, 好 吗?
Wǎnshang yìqǐ chī fàn, hǎo ma?
evening together to have meal, good (interrogative particle)
What about having dinner together?

4. 询问时间 *Asking about time*

几　点　见面?
Jǐ　diǎn　jiànmiàn?
which o'clock　to meet
What time will we meet?

5. 时间的表达(一)　*Telling the time (1)*

六点
Liù diǎn
six o'clock
At six.

六　点　十　分
Liù diǎn　shí　fēn
six o'clock　ten minute
At ten past six.

上午　九　点　一刻
Shàngwǔ　jiǔ diǎn　yí kè
morning nine o'clock　a quarter
At a quarter past nine in the morning.

中午　十二　点　半
Zhōngwǔ shí'èr　diǎn　bàn
noon　twelve o'clock half
At half past twelve, midday.

YI

PART ONE

你有没有时间?

Nǐ Yǒu Méiyǒu Shíjiān?

Do you have time?

新 词 语 *New Words and Phrases*

1.	喂	wéi	Hello!
2.	一会儿	yíhuìr	a short time
3.	电话	diànhuà	telephone call; telephone set
4.	今天	jīntiān	today
	天	tiān	day
5.	晚上	wǎnshang	evening
6.	有	yǒu	to have; there is/are ...
7.	没(有)	méi(yǒu)	to not have; there is/are not ...
8.	时间	shíjiān	time

课 文 *Text*

怎样打电话? 怎样询问别人有没有时间?

How do you make a telephone call? How do you ask whether somebody is free?

(李文龙想与方雪芹约会,他给方雪芹办公室打电话。)

(Li Wenlong wants to make an appointment with Fang Xueqin. He calls Fang at her office.)

杨 丽:	喂,你好!
	Wéi, nǐ hǎo!
Yang:	Hello!

李文龙：	你好！请问，方雪芹在吗？
	Nǐ hǎo! Qǐng wèn, Fāng Xuěqín zài ma?
Li:	Hello! Is Fang Xueqin in?
杨 丽：	她在。请等一会儿。（给方雪芹电话）雪芹，你的电话。
	Tā zài. Qǐng děng yíhuìr. Xuěqín, nǐ de diànhuà.
Yang:	Yes, she is. Just a moment. (Giving the phone to Fang) Your call, Xueqin.
方雪芹：	（接过电话）喂，你好！
	Wéi, nǐ hǎo!
Fang:	(Takes the phone) Hello.
李文龙：	雪芹，我是文龙。今天你忙吗？
	Xuěqín, wǒ shì Wénlóng. Jīntiān nǐ máng ma?
Li:	Hello, Xueqin. I am Wenlong. Are you busy today?
方雪芹：	不忙。
	Bù máng.
Fang:	No, I am not (busy).
李文龙：	晚上有没有时间？
	Wǎnshang yǒu méiyǒu shíjiān?
Li:	Are you free this evening?
方雪芹：	有时间。
	Yǒu shíjiān.
Fang:	Yes, I am (free).

注 释 *Notes*

1. "喂" The use of Wéi

喂，你好！

Wéi, nǐ hǎo!

Hello, good day!

打电话或接电话时,我们常常用"喂"来呼应对方。比较有礼貌的,可以在后面加上"你好!"

Over the phone, people often greet each other with wéi. To be more polite, we may add Nǐ hǎo.

2. 电话找人　Calling somebody over the phone

请 问,　方　雪 芹 在 吗?

Qǐngwèn, Fāng Xuěqín zài ma?

May I speak to Fang Xueqin?

要是你想通过电话来和某个人说话,你可以问:"请问×××在吗?"也可以直接说:"请找×××。"

When you want to speak to somebody over the phone, you may ask: "Qǐngwèn, (name) zài ma?" or say directly: "Qǐng zhǎo(name)? (May I speak to...?)"

3. "有"、"没有"和"有没有"　The verb phrases Yǒu, Méiyǒu and Yǒu méiyǒu

晚 上 有 没 有 时间?

Wǎnshang yǒu méiyǒu shíjiān?

Are you free in the evening?

"有"的否定形式是"没有"。所以用"有 + 没有"来提问。回答是"有"或"没有"。例如:

The negative form of the verb yǒu is méiyǒu, and we can use the question form yǒu + méiyǒu to which the answer is yǒu or méiyǒu. For example:

有 + 没有 +something?
yǒu +méiyǒu +something?

(1)　晚 上 (你)有 没 有 时间?

Wǎnshang (nǐ) yǒu méiyǒu shíjiān?

Are (you) free in the evening?

——有 时间。

——Yǒu shíjiān.

——Yes, I am free.

(2) 你 有 没 有 哥哥?

Nǐ yǒu méiyǒu gēge?

Do you have an elder brother?

——没 有,我 没 有 哥哥。

——Méiyǒu, wǒ méiyǒu gēge.

——No, I don't have an elder brother.

88

(3) 他 有 没有 女朋友?

Tā yǒu méiyǒu nǚpéngyou?

Does he have a girlfriend?

——有，他 有 女 朋友。

—— Yǒu, tā yǒu nǚpéngyou.

——Yes, he has a girlfriend.

(4) 你们 有 没有 冷饮?

Nǐmen yǒu méiyǒu lěngyǐn?

Do you have cold drinks?

——有， 有 冷饮。

—— Yǒu, yǒu lěngyǐn.

——Yes, we have cold drinks.

4. 时间词在句子中的位置　The position of a time word in a sentence

汉语中,时间词一般放在句首或动词的前边。

In Chinese, the time word is usually placed at the beginning of a sentence or before the main verb.

(1)今天你 忙 吗?

Jīntiān nǐ máng ma?

Are you busy today?

——今天我 不 忙。

—— Jīntiān wǒ bù máng.

——I am not busy today.

或：你 今天 忙 吗?

Nǐ jīntiān máng ma?

Or:　Are you busy today?

——我 今天 不 忙。

——Wǒ jīntiān bù máng.

——I am not busy today.

(2) 晚上 你 有 没有 时间?

Wǎnshang nǐ yǒu méiyǒu shíjiān?

Are you free in the evening?

—— 晚上 我 有 时间。

—— Wǎnshang wǒ yǒu shíjiān.

——Yes, I am free in the evening.

或：你 晚上 有 没有 时间?

Nǐ wǎnshang yǒu méiyǒu shíjiān?

Or:　Are you free in the evening?

——我 晚上 有 时间。

——Wǒ wǎnshang yǒu shíjiān.

——Yes, I am free in the evening.

(3) 今天 晚上 你 在 家 吗?

Jīntiān wǎnshang nǐ zài jiā ma?

Are you at home this evening?

——今天 晚上 我 在 家。

——Jīntiān wǎnshang wǒ zài jiā.

——Yes, I am at home this evening.

或：你 今天 晚上 在 家 吗?

Nǐ jīntiān wǎnshang zài jiā ma?

Or:　Are you at home this evening?

—— 我 今天 晚上 在 家。

—— Wǒ jīntiān wǎnshang zài jiā.

——yes, I am at home this evening.

一、用下边的例子比较一下汉语和英语的结构和表达法有什么不同：

Compare the following examples and try to find the differences between Chinese and English expressions:

最近 你 忙 不 忙？
Zuìjìn nǐ máng bù máng?

Have you been busy recently?

我 爸爸 今天 不 上 班。
Wǒ bàba jīntiān bú shàng bān.

My father doesn't work today.

晚上 我 上课。
Wǎnshang wǒ shàng kè.

I have a class in the evening.

今天我 很累。
Jīntiān wǒ hěn lèi.

I am tired today.

晚上 我 有 时间。
Wǎnshang wǒ yǒu shíjiān.

I have time in the evening.

二、练习说下边的句子：

Practice the following sentences:

(1) 请问， 方 雪芹 在吗？
Qǐngwèn, Fāng Xuěqín zài ma?

(2) 她在。请 等 一会儿。
Tā zài. Qǐng děng yíhuìr.

(3) 今天你 忙 吗？
Jīntiān nǐ máng ma?

(4) 今天我 不 忙。
Jīntiān wǒ bù máng.

(5) 晚上 有 没有 时间？
Wǎnshang yǒu méiyǒu shíjiān?

(6) 晚上 有 时间。
Wǎnshang yǒu shíjiān.

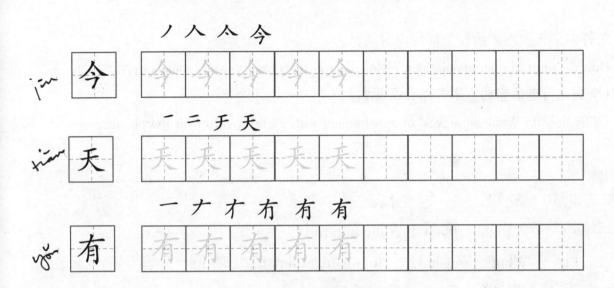

丿 人 亼 今

今 今 今 今 今

一 二 于 天

天 天 天 天 天

一 ナ 才 有 有 有

有 有 有 有 有

ER

二

PART TWO

一起吃饭好吗？

Yìqǐ Chīfàn Hǎo Ma?

What about having dinner together?

1.	一起	yìqǐ	together
2.	好吗	hǎo ma	Is it all right?
3.	好的	hǎo de	Good／Fine／All right
4.	几	jǐ	several; which
5.	点	diǎn	o'clock
6.	见面	jiànmiàn	to meet
7.	分	fēn	minute
8.	去	qù	to go to
9.	接	jiē	to meet somebody and fetch somebody from his／her place, or the airport, station, etc.

怎样向别人发出邀约？怎样约定时间？

How do you make an appointment? How do you fix a time to meet somebody?

（李文龙打电话想约方雪芹做什么呢？）

(Why does Li Wenlong makes an appointment with Fang Xueqin over the phone?)

李文龙：　晚上　一起吃饭，好　吗？

　　　　　Wǎnshang yìqǐ chīfàn, hǎo ma?

Li:　What about having dinner together this evening?

方雪芹：　好　的。几点　见面？

　　　　　Hǎo de. Jǐ diǎn jiànmiàn?

Fang:　That's good.　When shall we meet?

李文龙：　你几点　下班？

　　　　　Nǐ jǐ diǎn xiàbān?

Li:　What time do you knock off?

方雪芹：　六点。

　　　　　Liù diǎn.

Fang:　At six.

李文龙：　六点　十分我去接你，好　吗？

　　　　　Liù diǎn shí fēn wǒ qù jiē nǐ, hǎo ma?

Li:　I'll go and meet you at ten past six.　Is that all right?

方雪芹：　好　的。再见。

　　　　　Hǎo de. Zàijiàn.

Fang:　That's fine.　See you then.

李文龙：　再见。

　　　　　Zàijiàn.

Li:　See you.

注　释　*Notes*

1. 用"……好吗？"征询意见　Asking for an opinion using "... hǎo ma?"

> 晚上　一起 吃饭，好 吗？
>
> Wǎnshang yìqǐ chīfàn, hǎo ma?
>
> What about having dinner together in the evening?

用来向对方征询意见，这是一种客气的问法。如同意，回答时常常说："好的。"或"好。"

This is a polite question to ask for an opinion. The usual affirmative answer is Hǎo de. Or simply Hǎo.

2. 询问时间　Asking about time

> 几 点 见 面？
>
> Jǐ diǎn jiànmiàn?
>
> What time do we meet?

"几点"用来问时间（钟点）。汉语里，表示时间（钟点）的词要放在动词的前面。例如：

Jǐ diǎn is used to ask about time (o'clock). In Chinese, the time word is normally used before the verb.

(1) 你 几 点 睡 觉？

Nǐ jǐ diǎn shuìjiào?

What time do you go to bed?

(2) 你 几 点 下 班？

Nǐ jǐ diǎn xiàbān?

What time do you knock off?

(3) 银 行 几 点　上 班？

Yínháng jǐ diǎn shàngbān?

What time does the bank start business?

3. 数字 10～100 的读法　The way to count from 10 – 100

> 六 点　十 分我 去 接你，好 吗？
>
> Liù diǎn shí fēn wǒ qù jiē nǐ, hǎo ma?
>
> I'll go and meet you at ten past six, is that all right?

10、　11、　12、　　13、　　14、　15、　16、　17、　18、　19、
十、十一、十二、十三、十四、十五、十六、十七、十八、十九、
shí,　shíyī,　shí'èr,　shísān,　shísì,　shíwǔ,　shíliù,　shíqī,　shíbā,　shíjiǔ,

　20、　　21、　　22 ……
二十、二十一、二十二、……
èrshí,　èrshíyī,　èrshí'èr ……

　30　～　39 …… 　90　～　99
三十～三十九……九十～九十九
sānshí ~ sānshíjiǔ…… 　jiǔshí ~ jiǔshíjiǔ

　100
一百
yìbǎi

4. 时间的读法　Telling the time

6: 05 读作：六 点 零五 〔分〕
6: 05 reads:　liù diǎn líng wǔ 〔fēn〕
6: 10 读作：六 点 十 分
6: 10 reads:　liù diǎn shí fēn

6: 15 读作：六 点 十五 〔分〕
6: 15 reads:　liù diǎn shíwǔ 〔fēn〕
6: 30 读作：六 点 三十 〔分〕
6: 30 reads:　liù diǎn sānshí 〔fēn〕

6: 45 读作：六 点 四十五 〔分〕
6: 45 reads:　liù diǎn sìshíwǔ 〔fēn〕
6: 59 读作：六 点 五十九 〔分〕
6: 59 reads:　liù diǎn wǔshíjiǔ 〔fēn〕

（在"〔 〕"中的"分"可以说，也可以不说）

（fēn in the brackets is optional. ）

5. "二"和"两"　The numerals èr and liǎng

在读钟点的时候，"二"读成"两"。但是在十以上的数字中的"二"，仍读作"二"。例如：

In telling the time, the two in 2 o'clock is read as liǎng rather than èr, whereas the two in 12 o'clock is read as èr as in counting. For example:

2:00	12:00	2:20
两 点	十 二 点	两 点 二十（分）
liǎng diǎn	shí'èr diǎn	liǎng diǎn èrshí（fēn）

6. 连动结构 Constructions with two verbs given in succession

六 点 十 分 我 去 接 你, 好 吗?

Liù diǎn shí fēn wǒ qù jiē nǐ, hǎo ma?

I'll go and meet you at ten past six, is that all right?

在这儿,"去"和"接"两个动词构成连动结构,第二个动作"接"是第一个动作"去"的目的。类似的话我们还可以说:

Here the verbs qù and jiē come one after another and this is considered a construction, with the latter indicating the purpose of the second. Likewise, we may say the following:

去 + to do something.
qù + to do something.

(1) 一 起 去 吃饭。
　　Yìqǐ qù chīfàn.
　　Go to dinner together.

(2) 我 们 去 喝 茶。
　　Wǒmen qù hē chá.
　　We are going to have tea.

(3) 我 该 去 睡 觉 了。
　　Wǒ gāi qù shuìjiào le.
　　I must go to bed now.

(4) 你 们 去 上课 吗?
　　Nǐmen qù shàngkè ma?
　　Are you going to class?

练 习 *Exercises*

一、用汉语说下边的钟点:

Give the following times in Chinese:

12:20 _____

6:50 _____

3:15 _____

95

21:30 _____
11:47 _____
2:25 _____

二、练习说下边的句子：

Practice the following sentences:

(1) 晚上　一起 吃饭 好吗？
Wǎnshang yìqǐ chīfàn, hǎo ma?
——好 的。
—— Hǎo de.

(2) 晚上　一起 喝 咖啡, 好 吗？
Wǎnshang yìqǐ hē kāfēi, hǎo ma?
——对不起，晚上　我 没有 时间。
——Duìbuqǐ, wǎnshang wǒ méiyǒu shíjiān.

(3) 几点 见面？
Jǐ diǎn jiànmiàn?
—— 八 点 见面，好 吗？
—— Bā diǎn jiànmiàn, hǎo ma?
——好 的。
—— Hǎo de.

(4) 你几 点 下班？
Nǐ jǐ diǎn xiàbān?
—— 我 六点 下 班。
—— Wǒ liù diǎn xiàbān.
——六 点　十 分我 去 接你, 好 吗？
——Liù diǎn shí fēn wǒ qù jiē nǐ, hǎo ma?
——好 的。
——Hǎo de.

(5) 你几 点 去 她家？
Nǐ jǐ diǎn qù tā jiā?
——我 十一 点 去 她家。
—— Wǒ shíyī diǎn qù tā jiā.

写汉字 *Writing Demonstration*

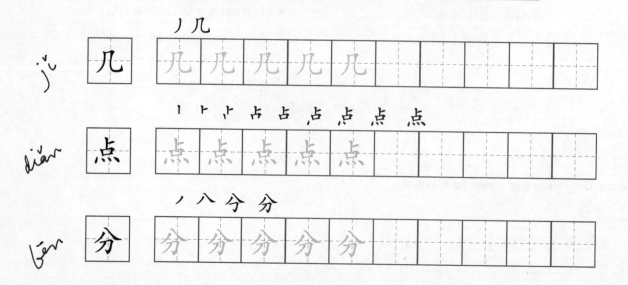

96

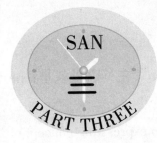

商店几点开门？

Shāngdiàn Jǐ Diǎn Kāimén?

When does the shop open?

track 5
4:25

新 词 语	*New Words and Phrases*

1.	姐姐	jiějie	elder sister
2.	弟弟	dìdi	younger brother
3.	个	gè	(a measure word used with person)
4.	半	bàn	half
5.	刻	kè	a quarter of an hour
6.	早上	zǎoshang	morning or early morning
7.	上午	shàngwǔ	morning
8.	中午	zhōngwǔ	noon
9.	下午	xiàwǔ	afternoon
10.	开门	kāimén	to open the door (of a shop), to start a day's business
11.	关门	guānmén	to close the door (of a shop), to close after a day's business
12.	商店	shāngdiàn	shop
13.	早饭	zǎofàn	breakfast
14.	午饭	wǔfàn	lunch
15.	晚饭	wǎnfàn	supper
16.	答	dá	to answer, to respond

早(上) + 饭→早饭   zǎo(shang) + fàn→zǎofàn

morning + meal→breakfast

(中)午 + 饭→午饭   (zhōng)wǔ + fàn→wǔfàn

noon + meal → lunch

晚(上) + 饭→晚饭   wǎn(shang) + fàn→wǎnfàn

evening + meal → supper

97

在汉语里,我们还有一类特殊的词,叫量词。如果我们想说"one person",在英语里就是：one person。但是在汉语里,我们就不能说：

Measure words are a special part of speech in Chinese. When we want to express the concept of one person in Chinese, we cannot say:

~~yī~~ + ~~rén~~
~~一~~ + ~~人~~

而是必须用这样一个特殊的词——量词放在它们中间,说：

Instead we must add a measure word between yī and rén as follows:

一 + 个 + 人——一个人
yī + gè + rén—— yí gè rén

不同的事物,有自己特殊的量词,所以在汉语中量词的数量很多、很丰富。"个"在这里是对人的。其他的我们将在后面陆续学习。

We have many measure words in Chinese as everything has its specific measure word. Here the measure word gè is used with a person. We shall deal with others in later lessons.

句 型 练 习 *Sentence pattern drills*

一、根据对话,用"有"或"没有"回答问题：
Answer the questions on each dialogue, using yǒu or méiyǒu：

有 + 没有
yǒu + méiyǒu
—有 时 间。
—Yǒu shíjiān.

例　*Example*：

甲：你 有 没 有 哥哥?　　　乙：有, 我 有 哥哥。
Nǐ yǒu méiyǒu gēge?　　　Yǒu, wǒ yǒu gēge.

问：他 有 没 有 哥哥?　　学生：<u>有, 他 有 哥哥。</u>
Tā yǒu méiyǒu gēge?　　　<u>Yǒu, tā yǒu gēge.</u>

(1) 甲：你有几个哥哥?
　　　Nǐ yǒu jǐ gè gēge?

　　乙：我有一个哥哥。
　　　Wǒ yǒu yí gè gēge.

　　问：他有几个哥哥?
　　　Tā yǒu jǐ gè gēge?

　学生：他＿＿＿＿＿＿＿。

(2) 甲：你有没有姐姐?
　　　Nǐ yǒu méiyǒu jiějie?

　　乙：没有，我没有姐姐。
　　　Méiyǒu, wǒ méiyǒu jiějie.

　　问：他有没有姐姐?
　　　Tā yǒu méiyǒu jiějie?

　学生：没有，＿＿＿＿＿＿＿。

(3) 甲：你有没有妹妹?
　　　Nǐ yǒu méiyǒu mèimei?

　　乙：有，我有妹妹。
　　　Yǒu, wǒ yǒu mèimei.

　　问：他有没有妹妹?
　　　Tā yǒu méiyǒu mèimei?

　学生：有，＿＿＿＿＿＿＿。

(4) 甲：你有几个妹妹?
　　　Nǐ yǒu jǐ gè mèimei?

　　乙：我有一个妹妹。
　　　Wǒ yǒu yí gè mèimei.

　　问：她有几个妹妹?
　　　Tā yǒu jǐ gè mèimei?

　学生：她＿＿＿＿＿＿＿。

(5) 甲：你有没有弟弟?
　　　Nǐ yǒu méiyǒu dìdi?

　　乙：没有，我没有弟弟。
　　　Méiyǒu, wǒ méiyǒu dìdi.

　　问：他有没有弟弟?
　　　Tā yǒu méiyǒu dìdi?

　学生：没有，＿＿＿＿＿。

二、用汉语说下边的时间：
Say the following times in Chinese:

例　*Example*：

7：10a. m. —— 早上　七　点　十　分
　　　　　　　zǎoshang　qī diǎn shí fēn

(1) 6：30a. m. ——

(2) 9：15a. m. ——

(3) 12：30p. m. ——

(4) 5：15p. m. ——

(5) 11：30p. m. ——

三、回答问题：

Answer the following questions:

例 *Example*：

甲：你几点起床?
Nǐ Jǐ diǎn qǐchuáng.

乙：我六点一刻起床。
Wǒ liù diǎn yí kè qǐchuáng.

问：她几点起床?
Tā jǐ diǎn qǐchuáng?

学生：她六点一刻起床。
Tā liù diǎn yí kè qǐchuáng.

(1) 甲：你几点上班?
Nǐ jǐ diǎn shàngbān?

乙：我上午九点上班。
Wǒ shàngwǔ jiǔ diǎn shàngbān.

问：她几点上班?
Tā jǐ diǎn shàngbān?

学生：＿＿＿＿＿＿＿。

(2) 甲：你中午几点吃饭?
Nǐ zhōngwǔ jǐ diǎn chīfàn?

乙：我中午十二点半吃饭。
Wǒ zhōngwǔ shí'èr diǎn bàn chīfàn.

问：她中午几点吃饭?
Tā zhōngwǔ jǐ diǎn chīfàn?

学生：＿＿＿＿＿＿＿。

(3) 甲：你几点下班?
Nǐ jǐ diǎn xiàbān?

乙：我下午六点下班。
Wǒ xiàwǔ liù diǎn xiàbān.

问：她几点下班?
Tā jǐ diǎn xiàbān?

学生：＿＿＿＿＿＿＿。

(4) 甲：你几点睡觉?
Nǐ jǐ diǎn shuìjiào?

乙：我晚上十一点半睡觉。
Wǒ wǎnshang shíyī diǎn bàn shuìjiào.

问：她几点睡觉?
Tā jǐ diǎn shuìjiào?

学生：＿＿＿＿＿＿＿。

四、请你根据图画和所给的词提问：

Ask questions about the following pictures, using the given words:

(1) 学生：这个商店＿＿＿＿? (开门)
Zhèige shāngdiàn＿＿＿＿? (kāimén)

答：早上八点半。
Zǎoshang bā diǎn bàn.

学生：这个商店＿＿＿＿? (关门)
Zhèige shāngdiàn＿＿＿＿? (guānmén)

答：晚上九点。
Wǎnshang jiǔ diǎn.

营业时间

8:30—21:00

(2) 学生：_____？（开门）

　　　　_____？（kāimén）

答：早上　九点。

　　Zǎoshang jiǔ diǎn.

学生：_____？（关门）

　　　　_____？（guānmén）

答：晚上　九点　半。

　　Wǎnshang jiǔ diǎn bàn.

营业时间

9:00—21:30

五、回答问题：

Answer the following questions:

例　*Example*：

甲：一起 去 吃 早饭，好 吗？	乙：好 的。
Yìqǐ qù chī zǎofàn, hǎo ma?	Hǎo de.

问：他们 一起 去 吃 早饭 吗？	学生：是，他们 一起 去 吃 早饭。
Tāmen yìqǐ qù chī zǎofàn ma?	Shì, tāmen yìqǐ qù chī zǎofàn.

(1) 甲：一起 去 吃 午饭，好 吗？
　　　Yìqǐ qù chī wǔfàn, hǎo ma?

乙：好 的。
　　Hǎo de.

问：他们 一起 去 吃 午饭 吗？
　　Tāmen yìqǐ qù chī wǔfàn ma?

学生：是，_____。
　　　Shì, _____.

(2) 甲：一起 去 吃 晚饭，好 吗？
　　　Yìqǐ qù chī wǎnfàn, hǎo ma?

乙：谢谢。我 不 去，我 没有 时间。
　　Xièxie. Wǒ bú qù, wǒ méiyǒu shíjiān.

问：他们 一起 去 吃 晚饭 吗？
　　Tāmen yìqǐ qù chī wǎnfàn ma?

学生：不，_____。
　　　Bù, _____.

综合练习 *Comprehensive exercises*

一、说说现在几点了：

Tell what time it is now:

7：00／a. m.	11：10／a. m.	12：15／a. m.

_____

6：20／p. m.	8：30／p. m.	11：45／p. m.

_____

二、看图完成对话：

Complete the following dialogues according to the pictures:

(1) A: 商店 几点 开门？
    Shāngdiàn jǐ diǎn kāimén?

B: _____ 。

    _____ 。

A: 几点 关门？
    Jǐ diǎn guānmén?

B: _____ 。

    _____ .

营业时间
8:30 — 21:00

(2) A: 他几点 上班？
    Tā jǐ diǎn shàngbān?

B: _____ 。

    _____ 。

A: 他几点 下班？
    Tā jǐ diǎn xiàbān?

B: _____ 。

    _____ 。

(3) A: 他们 几点 见面？
    Tāmen jǐ diǎn jiànmiàn?

B: _____ 。

    _____ 。

(4) A: 晚上 有 没有 时间？
    Wǎnshang yǒu méiyǒu shíjiān?

B: _____ 。

    _____ 。

A: 晚上 一起去吃饭，好 吗？
    Wǎnshang yìqǐ qù chīfàn, hǎo ma?

B: _____，_____ 见面？
    _____，_____ jiànmiàn?

A: 六 点，_____？
    Liù diǎn, _____?

B: 好。
    Hǎo.

102

三、请你说：

Speak on the following situations:

(1) 打电话找人：
You want to speak to someone on the phone:

_____。

(2) 让人等一会儿：
You ask somebody to wait for a while:

_____ *qǐng děng yíhuǐr* _____。

Skaodeng p.21

(3) 询问对方有没有时间：
You ask whether the person you wish to speak to is free:

~~Qǐngwen~~ *Qǐng Fàng xuégàn zài ma?*

yǒu méigǒu shíjiān?

shì bu shì máng?

(4) 邀对方一起吃饭：
You invite someone to dinner:

yìqǐ chī wǔfàn, hǎome?

(5) 询问几点开门：
You ask what time the shop opens:

jǐ diǎn shāngdiàn kāimén?

(6) 说说你的作息时间。
Give your day's schedule.

_____。

(7) 约一个朋友吃晚饭。
You invite a friend to dinner.

wǎnshang, yìqǐ qù chī wǎnfàn ma?

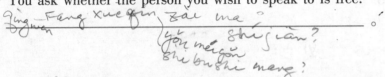

语 音 练 习 *Pronunciation drills*

1. 注意每组中相同的部分：
Pay attention to the common sounds:

j jiějie – jīntiān – jǐ diǎn – jiànmiàn
ian diànhuà – shíjiān – shāngdiàn

2. 儿化：
Retroflexed words:

yíhuìr, qìshuǐr (汽水儿, carbonated drinks)

10:00

3. 注意区别 j – x：
Differentiate j – x:

jǐ diǎn – méi guānxi
nǐ jiā – xiàbān

jiějie – xièxie

Xièxie jiějie.

Jiějie jǐ diǎn xiàbān?

4. 注意声调：
Pay attention to the tones：

"一"（yī）的变调

The tone change of yī

(1) yī——yī（一）

(2) yī + –、ˊ、ˇ→ yì –：

yì tiān（一天，a day），yì nián（一年，a year），yì diǎn（一点，one o'clock），yìqǐ（一起，together）

(3) yī +ˋ→yí –：

yíxià（一下），yíbàn（一半），yíhuìr（一会儿）

走 马 观 花 *A Glimpse of Modern Chinese Culture*

中 国 概 况 (二)

General information about China (2)

中国是世界上发源最早的"四大文明古国"之一，已经有五千多年有文字记载的历史。中华人民共和国成立于 1949 年，50 多年来，中国的面貌发生了翻天覆地的变化。尤其是从 1978 年开始的改革开放以后，中国的经济迅速发展，成为世界上经济发展最快的国家之一。尽管人均收入还并不高，但就综合国力来说，中国已经是具有相当实力的国家。

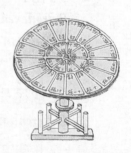

造　纸　　　　　　　　指南针　　　　　用弓发射的火药箭　　木活字转轮排字盘

104

China, with a recorded history of over 5,000 years, is one of the four earliest major civilizations in the world. The People's Republic of China was founded in 1949. During the last 50 odd years, China has changed tremendously. China's economy in particular has developed rapidly since 1978 when the policy of reform and opening up to the world was first implemented. Now she has become one of the countries whose economies are developing most rapidly in the world. As far as the overall national power is concerned, China has become a considerably powerful country, despite the fact that the per capita national income is still not high.

写汉字 *Writing Demonstration*

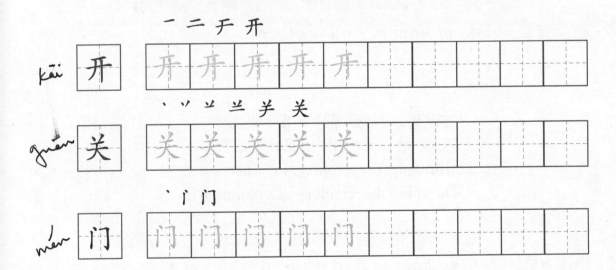

kāi 开　一 二 于 开　开 开 开 开 开

guān 关　丶 ヾ 兰 兰 关 关　关 关 关 关 关

mén 门　丶 门 门　门 门 门 门 门

第六课
Dì - liù   Kè

LESSON SIX

语 用 范 例 *Examples of Usage*

1. 询问两地之间的远近　*Asking whether two places are far away from each other*

天龙　公司　离 这儿 远 不 远?
Tiānlóng　Gōngsī　lí　zhèr　yuǎn bù yuǎn?
Tianlong Corporation from here far not far
Is the Tianlong corporation far from here?

2. 询问方位　*Asking how to find a place*

（天龙　公司） 在 哪儿?
（Tiānlóng　Gōngsī） Zài　nǎr?
（Tianlong Corporation） in where
Where is (the Tianlong Corporation)?

3. 描述方位　*Telling how to find a place*

在　颐和园　附近。
Zài　Yí héyuán　fùjìn.
In Summer Palace vicinity
It is near the Summer Palace.

在 北边（东边、西边、南边）。
Zài běibiān(dōngbian、xībian、nánbian).
In north （ east,   west,   south）
It is in／to the north (east, west, south).

天龙公司在哪儿？

Tiānlóng Gōngsī Zài Nǎr?

Where is the Tianlong Corporation?

| 新 词 语 | *New Words and Phrases* |

Trach 6 00:00

1.	公司	gōngsī	company, corporation
2.	离	lí	away from
3.	这儿	zhèr	here
4.	远	yuǎn	far
5.	挺……的	tǐng…de	quite (adj.)
6.	哪儿	nǎr	where
7.	北边	běibiān	north
8.	看	kàn	to look, to see
9.	附近	fùjìn	near, in the vicinity of
10.	现在	xiànzài	now

| 专 名 | *Proper names* |

1.	天龙公司	Tiānlóng Gōngsī	The Tianlong Corporation
2.	颐和园	Yíhéyuán	The Summer Palace

| 课 文 | *Text* |

怎样询问某个地方在哪儿？怎样询问一个地方到另一个地方的远近？

How to ask where a place is. How to ask how far one place is from another.

（方雪芹早上刚刚上班,有什么工作在等着她呢？）

(Fang Xueqin has just come to her office. What is she expected to do?)

方雪芹： 早上　好!

Zǎoshang hǎo!

Fang: Good morning!

赵天会： 早上　好! 今天 我们 一起 去 天龙 公司。

Zǎoshang hǎo! Jīntiān wǒmen yìqǐ   qù Tiānlóng Gōngsī.

Zhao: Good morning! We are going to the Tianlong Corporation today.

方雪芹： 好。天龙 公司 离 这儿 远 不 远?

Hǎo. Tiānlóng Gōngsī lí   zhèr yuǎn bù yuǎn?

Fang: OK. Is the Tianlong Corporation far from here?

赵天会： 挺 远 的。

Tǐng yuǎn de.

Zhao: It's quite far.

方雪芹： 在 哪儿?

Zài nǎr?

Fang: Where is it?

赵天会： 在 北边。(指地图)你 看,在 这儿,在 颐和园 附近。

Zài běibiān.   Nǐ kàn,zài zhèr, zài Yíhéyuán fùjìn.

Zhao: It's to the north. (pointing at the map) Look, it's here. Near the Summer Palace.

方雪芹： 现在 走 吗?

Xiànzài zǒu ma?

Fang: Are we leaving right now?

赵天会： 现在 走。

Xiànzài Zǒu.

Zhao: Yes, let's go now.

1. 询问两地之间的远近 Asking the distance between two places

> 天龙 公司 离 这儿 远 不 远?
>
> Tiānlóng Gōngsī lí　zhèr yuǎn bù yuǎn?
>
> Is the Tianlong Corporation far from here?

"A 离 B 远不远?"用来询问两点之间距离的远近,B 为已知的或问话人所在的地点,A 是要了解的地点。

"A lí B yuǎn bù yuǎn? " (Is A far from B?) is used to ask about the distance between two places. Here B denotes a place which is known or is where the speaker is and A is the one which is asked about.

> A 离 B 远 不 远? —— 远 / 不 远
>
> A　lí B　yuǎn bù yuǎn? ——Yuǎn. / Bù yuǎn.
>
> Is A far from B? ——Yes, it is/No, it is not.

(1)　商店 离 这儿 远 不 远? —— 远。

　　Shāngdiàn lí　zhèr yuǎn bù yuǎn? ——Yuǎn.

　　Is the shop far from here? —Yes, it is.

(2)　商店 离 你家 远 不 远? —— 挺 远 的。

　　Shāngdiàn lí　nǐ jiā yuǎn bù yuǎn? —— Tǐng yuǎn de.

　　Is the shop far from your home? ——Yes, it is quite far.

(3)　你家 离 公司 远 不 远? ——不 远。

　　Nǐ jiā lí　gōngsī yuǎn bù yuǎn? ——Bù yuǎn.

　　Is your home far from the corporation? ——No, it is not.

2. "挺······的"　"tǐng...de"（quite + adjective + de）

> 挺 远 的。
>
> Tǐng yuǎn de.
>
> Quite far.

"挺 + 形容词 + 的"常常用在口语中,表示程度比较高,其程度略低于"很 + 形容词"。

This is a common colloquial expression to express a high degree, but not as high as "hěn + adjective".

挺 + 形容词 + 的

tǐng + adjective + de

(1) 挺 远 的。
Tǐng yuǎn de.
Quite far.

(2) 挺 忙 的。
Tǐng máng de.
Quite busy.

(3) 挺 累 的。
Tǐng lèi de.
Quite tired.

(4) 挺 渴 的。
Tǐng kě de.
Quite thirsty.

3. "这、那、哪 + 儿"表示地点和方位　"zhèr, nàr, nǎr" denote place or position

> （天龙 公司）在 哪儿?
>
> (Tiānlóng Gōngsī) Zài nǎr?
>
> Where is (the Tianlong corporation)?

> （天龙 公司）在 这儿。
>
> (Tiānlóng Gōngsī) Zài zhèr.
>
> (The Tianlong Corporation) is here.

在这儿,"这 + 儿、那 + 儿"用来表示地点和方位;"哪 + 儿"用来询问地点和方位。

Here, zhèr and nàr are used to indicate place or position whereas nǎr is used to ask where a place is.

在 + 地点 + 表方位的名词

zài + place + noun of locality

(1)（天龙 公司）在 颐和园 附近。

(Tiānlóng Gōngsī)Zài Yíhéyuán fùjìn.

(The Tianlong corporation) is near the Summer Palace.

(2) 我家在 商店 北边。

Wǒ jiā zài shāngdiàn běibiān.

My home is to the north of the shop.

(3)公司 在我家附近。

Gōngsī zài wǒ jiā fùjìn.

The company is near my home.

练 习 *Exercises*

一、用下面的例子比较汉语和英语的结构和表示法有什么不同：

Compare the following examples and try to find the differences between Chinese and English structures and expressions:

方 雪芹家在 哪儿?

Fāng Xuěqín jiā zài nǎr?

Where is Fang Xueqin's home?

方 雪芹家离她的公司 远 不 远? Is Fang Xueqin's home

Fāng Xuěqín jiā lí tā de gōngsī yuǎn bù yuǎn?far from her corporation?

天龙 公司在 颐和园 北边。

Tiānlóng Gōngsī zài Yíhéyuán běibiān.

The Tianlong Corporation is to the north of the Summer Palace.

赵 天会家在 商店附近。

ZhàoTiānhuì jiā zài shāngdiàn fùjìn.

Zhao Tianhui's home is near the shop.

二、练习说下面的句子：

Practice the following sentences:

(1) 天龙 公司离这儿远 不 远?

Tiānlóng Gōngsī lí zhèr yuǎn bù yuǎn?

挺 远 的。

Tǐng yuǎn de.

111

(2) 天龙 公司 在 哪儿?
Tiānlóng Gōngsī zài nǎr?

(3) 天龙 公司 在 北边。
Tiānlóng Gōngsī zài běibiān.

(4) 天龙 公司 在 颐和园 附近。
Tiānlóng Gōngsī zài Yíhéyuán fùjìn.

(5) 天龙 公司 在 这儿.
Tiānlóng Gōngsī zài zhèr.

写 汉 字 *Writing Demonstration*

不用谢
Búyòng Xiè

Don't mention it

新 词 语 *New Words and Phrases*

1. 洗手间　　**xǐshǒujiān**　　washroom, lavatory

洗	xǐ	to wash
手	shǒu	hand
2. 那儿	nàr	there
3. 电梯	diàntī	lift, elevator
4. 对面	duìmiàn	opposite side
5. 不(用)谢	bú(yòng) xiè	Don't mention it. You are welcome
用	yòng	(Here) need
6. 办公室	bàngōngshì	office
7. 前边	qiánbian	front, ahead
8. 会议室	huìyìshì	conference room
9. 旁边	pángbiān	beside, next to
10. 就	jiù	just
11. 厕所	cèsuǒ	lavatory, toilet

课　文　*Text*

怎样叙述一个地方的位置呢？别人谢我们的时候,我们还可以怎么回答呢?

How to tell where a place is. What are the possible responses when someone expresses his/her thanks to you?

（现在,方雪芹和他的同事在天龙公司办公楼里了。）

(Now Fang Xueqin and her colleague are in the office building of the Tianlong Corporation.)

方雪芹:	等 我 一下。
	Děng wǒ yíxià.
Fang:	Will you wait for me for a while?
赵天会:	好。
	Hǎo.
Zhao:	Sure.
方雪芹:	(问服务员) 请问, 洗手间 在 哪儿?
	Qǐngwèn, xǐshǒujiān zài nǎr?
Fang:	(Asking the staff) Excuse me, could you tell me where the

113

washroom is?

服务员： 在 那儿, 在 电梯 对面。

Zài nàr, zài diàntī duìmiàn.

Staff: There, opposite the lift/elevator.

方雪芹： 谢 谢!

Xièxie!

Fang: Thanks!

服务员： 不 用 谢!

Búyòng xiè!

Staff: You are welcome.

（等待的时候, 赵天会问服务员）

(Zhao asks the staff.)

赵天会： 请 问, 经理办公室 在 哪儿?

Qǐngwèn, jīnglǐ bàngōngshì zài nǎr?

Zhao: Excuse me, where is the manager's office?

服务员： 在 前边, 会议室 旁边 就是。

Zài qiánbian, huìyìshì pángbiān jiùshì.

Staff: It's just ahead, next to the Conference Room.

赵天会： 谢 谢!

Xièxie!

Zhao: Thanks!

服务员： 不 用 谢!

Búyòng xiè!

Staff: You are welcome.

注 释 *Notes*

 1. 厕所的说法　The euphemism for lavatory

洗手间

xǐshǒujiān

washroom

　　相当于英语的"lavatory"在汉语中也有多种说法，例如，在大厦、酒店、住宅里的一般叫"洗手间"或者"卫生间"，在一般公共场所的一般叫"厕所"。

There are several words in Chinese for lavatory, for example, xǐshǒujiān or wèishēngjiān is used in office buildings, hotels or people's residencies, while cèsuǒ (lavatory, toilet) is the usual term used in ordinary public places.

 2. 用"不用谢"回答致谢　　Búyòng xiè is used as reply to thanks

不 用 谢!

Búyòng xiè!

You are welcome.

　　回答别人的感谢时，除了我们已经学过的"不客气"以外，还可以说"不谢"或"不用谢"。

In addition to Bú kèqi, we may use Bú xiè, or Búyòng xiè as a reply to thanks.

 3. "就"表示强调　　Jiù used to express emphasis

会议室 旁边 就是。

Huìyìshì pángbiān jiùshì.

The conference room is right next to the office.

　　在这里，"就"表示强调。

Here jiù means "just" and expresses emphasis.

(1) 甲：喂，请问，×××在吗？

　　　Wéi, qǐngwèn, ××× zài ma?

　　　Hello, is so and so in? / Hello, may I speak to so and so?

乙：我 就 是。

　　Wǒ jiùshì.

　　This is so and so speaking.

115

(2) 甲：谁 是 方 雪芹?

Shéi shì Fāng Xuěqín?

Who is Fang Xueqin?

乙：她 就 是 方 雪芹。

Tā jiùshì Fāng Xuěqín.

She is Fang Xueqin.

(3) 甲：请问， 颐和园 离 这儿 远 不 远?

Qǐngwèn, Yíhéyuán lí zhèr yuǎn bù yuǎn?

Excuse me, but is the Summer Palace far from here?

乙：不 远， 前边 就是。

Bù yuǎn, qiánbian jiùshì.

No, it is not. It is right ahead.

练 习 Exercises

一、把下面的英文句子翻译成汉语:
Translate the following sentences into Chinese:

(1) Fang Xueqin's company is to the north of the hospital.

Fang Xueqin (de) gōngsī zài yī yuàn beibian 。

(2) The washroom is opposite the office.

xǐshǒujiān zài bàngōngshì duìmiàn (jiùshì) 。

(3) The hospital is next to the shop.

yī yuàn zài shāngdiàn pángbiān 。

(4) Zhao Tianhui's home is close to his company.

Zhao Tianhui jiā zài tāde gōngsī jìn. 。

二、练习说下面的句子:
Practice the following sentences:

(1) 天龙 公司 在 哪儿?
Tiānlóng Gōngsī zài nǎr?

(2) 在 颐和园 附近。
Zài Yíhéyuán fùjìn.

116

(3) 天龙 公司 离 这儿 远 不 远？ (4)天龙 公司 离这儿 挺 远 的。
Tiānlóng Gōngsī lí zhèr yuǎn bù yuǎn? Tiānlóng Gōngsī lí zhèr tǐng yuǎn de.

(5) 请问， 洗手间 在哪儿？
Qǐngwèn, xǐshǒujiān zài nǎr?

(6) 洗手间 在那儿，电梯 对面 就是。
Xǐshǒujiān zài nàr, diàntī duìmiàn jiùshì.

(7) 谢谢。
Xièxie.

(8) 不 谢，不用 谢。
Bú xiè, búyòng xiè.

(9) 请问， 经理 办公室 在哪儿？
Qǐngwèn, jīnglǐ bàngōngshì zài nǎr?

(10) 在 前边，会议室 旁边 就是。
Zài qiánbian, huìyìshì pángbiān jiùshì.

写 汉 字 Writing Demonstration

jiān 间 ` 门 门 门 问 间 间
间 间 间 间 间

miàn 面 一 一 一 丙 而 而 面 面
面 面 面 面 面

yòng 用 丿 几 月 月 用
用 用 用 用 用

SAN

PART THREE

西安离北京远不远？
Xī'ān Lí Běijīng Yuǎn Bù Yuǎn?
Is Xi'an far from Beijing?

<table>
<tr><td colspan="2">新 词 语</td><td colspan="2">*New Words and Phrases*</td></tr>
</table>

1.	邮局	yóujú	post office
2.	银行	yínháng	bank
3.	医院	yīyuàn	hospital
4.	学校	xuéxiào	school
5.	后边 = side p.8	hòubian	behind, at the back of
6.	近	jìn (*cf. fùjìn*)	near, close to
7.	东边	dōngbian	(in/to) the east
8.	西边	xībian	(in/to) the west
9.	南边	nánbian	(in/to) the south

<table>
<tr><td colspan="2">专 名</td><td colspan="2">*Proper names*</td></tr>
</table>

1.	上海	Shànghǎi	Shanghai (a city's name)
2.	南京	Nánjīng	Nanjing (a city's name)
3.	广州	Guǎngzhōu	Guangzhou (a city's name)
4.	西安	Xī'ān	Xi'an (a city's name)
5.	天津	Tiānjīn	Tianjin (a city's name)

句型练习 *Sentence pattern drills*

一、根据对话回答问题：

Answer the questions on the following dialogues:

> 洗手间 在 哪儿？
> Xǐshǒujiān zài nǎr?
> 在 电梯 对面。
> Zài diàntī duìmiàn.
>
> *opposite side*

例 *Example*：

甲：邮局在哪儿？ 乙：邮局在 商店 附近。
Yóujú zài nǎr? Yóujú zài shāngdiàn fùjìn.

问：邮局在哪儿？ 学生：邮局在 商店 附近。
Yóujú zài nǎr? Yóujú zài shāngdiàn fùjìn.

(1) 甲： 银行 在 哪儿？
Yínháng zài nǎr?
乙： 银行 在 商店 旁边。
Yínháng zài shāngdiàn pángbiān.
问： 银行 在 哪儿？
Yínháng zài nǎr?
学生：_____。
_____.

(2) 甲：医院 在 哪儿？
Yīyuàn zài nǎr?
乙：医院 在 银行 对面，学校 旁边。
Yīyuàn zài yínháng duìmiàn, xuéxiào pángbiān.
问：医院 在 哪儿？
Yīyuàn zài nǎr?
学生：_____。
_____.

(3) 甲：你 在 哪儿？
Nǐ zài nǎr?
乙：我 在 这儿，在 商店 前边。
Wǒ zài zhèr, zài shāngdiàn qiánbian.
问：他 在 哪儿？
Tā zài nǎr?
学生：_____。
_____.

(4) 甲：你 前边 是 谁？
Nǐ qiánbian shì shéi?
乙：我 前边 是我 妈妈。
Wǒ qiánbian shì wǒ māma.
问：他 前边 是 谁？
Tā qiánbian shì shéi?
学生：_____。
_____.

119

(5) 甲：你 后边 是谁?
　　　Nǐ hòubian shì shéi?

　　乙：我 后边 是 我爸爸。
　　　Wǒ hòubian shì wǒ bàba.

　　问：他 后边 是谁?
　　　Tā hòubian shì shéi?

　　学生：_____。

　　　　　_____．

二、根据对话,用"挺……的"回答问题:
Answer the questions on the following dialogues, using tǐng…de:

> 天龙 公司 离这儿远 不 远?
> Tiānlóng Gōngsī lí zhèr yuǎn bù yuǎn?
> 挺 远 的。
> Tǐng yuǎn de.

例 **Example**：

甲：上海 离北京远不 远?　　乙：挺 远 的。
Shànghǎi lí Běijīng yuǎn bù yuǎn?　　Tǐng yuǎn de.

问：上海 离北京 远 不 远? 学生： 上海 离北京 挺 远 的。
Shànghǎi lí Běijīng yuǎn bù yuǎn?　　Shànghǎi lí Běijīng tǐng yuǎn de.

(1) 甲：南京 离 上海 远 不 远?
　　　Nánjīng lí Shànghǎi yuǎn bù yuǎn?

　　乙：不 远，挺 近 的。
　　　Bù yuǎn, tǐng jìn de.

　　问：南京 离 上海 远 不 远?
　　　Nánjīng lí Shànghǎi yuǎn bù yuǎn?

　　学生：南京 _____。
　　　　　Nánjīng _____。

(2) 甲： 广 州 离北京 远 不 远?
　　　Guǎngzhōu lí Běijīng yuǎn bù yuǎn?

　　乙：很 远。
　　　Hěn yuǎn.

　　问： 广 州 离北京 远 不 远?
　　　Guǎngzhōu lí Běijīng yuǎn bù yuǎn?

　　学生： 广州 _____。
　　　　　Guǎngzhōu_____．

(3) 甲：西安 离 北京 远 不 远?
　　　Xī'ān lí Běijīng yuǎn bù yuǎn?

　　乙：西安 离 北京 也 挺 远 的。
　　　Xī'ān lí Běijīng yě tǐng yuǎn de.

问：西安离北京 远 不 远？

Xī'ān lí Běijīng yuǎn bù yuǎn?

学生：西安_____。

　　　　Xī'ān_____.

三、根据对话回答问题：

Answer the questions on the following dialogues:

东边、 南边、 西边、北边
dōngbian、nánbian、xībian、běibian

例 *Example*：

甲：银行 在 哪儿？　　　乙：银行 在 商店 南边。
Yínháng zài nǎr?　　　Yínháng zài shāngdiàn nánbian.

问：银行 在 哪儿？　　学生：银行 在 商店 南边。
Yínháng zài nǎr?　　Yínháng zài shāngdiàn nánbian.

(1) 甲： 医院 在 哪儿？
Yīyuàn zài nǎr?

乙： 在 银行 西边，学校 南边。
Zài yínháng xībian, xuéxiào nánbian.

问： 医院 在 哪儿？
Yīyuàn zài nǎr?

学生： 医院_____。

　　　　Yī yuàn_____.

(2) 甲： 邮局 在 哪儿？
Yóujú zài nǎr?

乙： 邮局 在 学校 东边， 商店 北边。
Yóujú zài xuéxiào dōngbian, shāngdiàn běibian.

问： 邮局 在 哪儿？
Yóujú zài nǎr?

学生： 邮局_____。

　　　　Yóujú_____.

121

一、完成对话：

Complete the following dialogues:

(1) A: _Nǐ jiā zài nǎr_ ?
   B: 我 家 在 东边。
     Wǒ jiā zài dōngbian.

(2) A: _yuǎn bù yuǎn_ ?
   B: 不 远。
     Bù yuǎn.

(3) A: _xièxie_ !
   B: 不 用 谢。
     Búyòng xiè.

二、看图说话：

Speak about the picture:

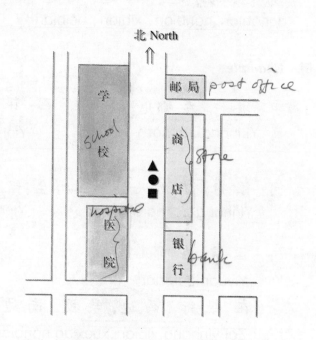

银 行 在 _____ 旁边

Yínháng zài _____ pángbiān

_____ 在 _____ 对 面

_____ zài _____ duìmiàn

_____ 在 _____ 前 边

_____ zài _____ qiánbian

_____ 在 _____ 后 边

_____ zài _____ hòubian

三、看看北京、天津、南京、上海这几个城市的远近：

Examine the distance between the cities of Beijing, Tianjin, Nanjing and Shanghai:

北京 离 天津 _____。(很远／很近)

Běijīng lí Tiānjīn _____.

北京 离 上海 _____。

Běijīng lí Shànghǎi _____.

上海 离 南京 _____。

Shànghǎi lí Nánjīng _____.

你 家 离 北京 远 不 远？

Nǐ jiā lí Běijīng yuǎn bù yuǎn?

我 家 离 _____。

Wǒ jiā lí _____.

122

四、请你说：

Speak on the following situations:

(1) 询问朋友的家在哪儿,离这儿远不远。

Ask your friend where his/her home is and whether his/her home is far from here.

(2) 告诉你的朋友你家在哪儿。

Tell your friend where your home is.

语音练习 *Pronunciation drills*

1. 注意每组中相同的部分：

   Pay attention to the common sounds:

   q Xuě qín – qǐng jìn – qǐngwèn – bú kè qi – duìbu qǐ

   r zhè r – nà r – nǎ r

2. 注意区别 j – q – x：

   Differentiate j – q – x:

   jǐ diǎn – qǐ chuáng – xībian

   jīntiān – Xuěqín – xīn (新 , new) yīfu

   Nánjīng – qǐngwèn – guì xìng

   Jīntiān Xuěqín qù Nánjīng.

3. 注意声调：

   Tones:

   – + – : kāfēi, gōngsī, chōu yān

   – + ´ : Zhōngguó, shūfáng, huānyíng

   – + ˇ : suānnǎi, jīnglǐ, dōu zǒu

   – + ˋ : chī fàn, shāngdiàn, yīyuàn

   – + 轻声 (neutral tone) : xiānsheng, yīfu , gēge

厕所
Toilets

出门在外,"方便"是至关重要的一件事。那么怎么找到这些"方便"的地方是我们今天要注意的。一般来说,在酒店、饭店或大厦、写字楼里,洗手间是很容易找到的,门上常常写有英文,汉字一般写"洗手间",也有的地方写"卫生间"。在大街上,我们就很难找到"洗手间"了,应该寻找这样的标志:"厕所"或"公共厕所"。找到了厕所,最值得注意的是这两个字:"男""女"。写着"男"的是先生们的地方,写着"女"的是女士们的。

The washroom is very important when we go out. But how can we find a washroom? We'll explain it to you here. Normally, it is easy to find one in hotels, restaurants, malls, office buildings, because you can recognize the English sign or the Chinese, Xǐshǒujiān or Wèishēngjiān. However, in streets, you can only find Cèsuǒ(Toilet) or Gōnggòng Cèsuǒ(Public Toilet), instead of Xǐshǒujiān. What is most important is to recognize the two characters Nán (Male) and Nǚ(Female).

写 汉 字 *Writing Demonstration*

第七课
Dì - qī Kè

LESSON SEVEN

语 用 范 例 *Examples of Usage*

1. 说不得不做的事 *Saying that you have to do something*

我 得 上 课。
Wǒ děi shàng kè.
I must to go to class
I must go to class.

2. 表达愿望 *Expressing a wish*

我 想 练习 练习 英语 口语。
Wǒ xiǎng liànxí liànxí Yīngyǔ kǒuyǔ.
I to want to practice to practice English oral language
I want to practice oral English.

3. 询问频率 *Asking about the frequency of doing something*

每 星期 上 几 次 课?
Měi xīngqī shàng jǐ cì kè?
every week to have how many class
How often／How many times do you
   have classes each week?

125

4. 询问时间的长度 *Asking about the duration of time*

每　次　多　长　时间？
Měi　cì　duō cháng shíjiān?
each time how　long　time
How long does each class last ?

YI
一
PART ONE

星期五晚上我得上课
Xīngqīwǔ Wǎnshang Wǒ Děi Shàng kè

I must go to class on Friday evening

新 词 语 *New Words and Phrases*

1. 星期五	xīngqīwǔ		Friday
2. 聚会	jùhuì –		gathering, party
3. 得	děi		to have to (do something)
4. 英语	Yīngyǔ		the English language
5. 口语	kǒuyǔ		oral language
6. 想	xiǎng		to want, to think
7. 练习	liànxí		exercise
8. 星期六	xīngqīliù		Saturday
9. 陪	péi		to accompany, to go with

126

怎样说星期？怎样告诉别人你需要做某事而不能应约？怎样告诉别人自己的意愿？

How do you say the days of the week? How do you tell someone that you cannot meet him/her as intended because you have to do something else? How can you convey a wish, intention, etc. to others?

（方雪芹和李文龙在咖啡馆谈话）

(Fang Xueqin and Li Wenlong are talking in a cafe.)

李文龙： 星期五 晚上 我们 有 个 聚会,你 有 时间 吗?

Xīngqīwǔ wǎnshang wǒmen yǒu gè jùhuì, nǐ yǒu shíjiān ma?

Li: We will have a party on Friday evening. Are you free then?

方雪芹： 星期五 晚 上? 我 得 上 课。

Xīngqīwǔ wǎnshang? Wǒ děi shàngkè.

Fang : Friday evening? But I have class.

李文龙： 上课? 上 什么课?

Shàngkè? Shàng shénme kè?

Li: Class? What class?

方雪芹： 英 语 课。

Yīngyǔ kè.

Fang: English class.

李文龙： 上 英 语 课?

Shàng Yīngyǔ kè?

Li: English class?

方雪芹： 对, 英语 口语课,我 想 练习 练习 英语 口语。

Duì, Yīngyǔ kǒuyǔ kè, wǒ xiǎng liànxí liànxí Yīngyǔ kǒuyǔ.

Fang: Yes, oral English class. I want to practice oral English.

李文龙： （有些不快）挺 好 的。

Tǐng hǎo de.

Li:	(He is not happy to hear that, still he says) Well, that's good.
方雪芹：	（宽慰地）星期六　晚上　　我陪你，好　吗？
	Xīngqīliù　wǎnshang wǒ péi nǐ,　hǎo ma?
Fang:	(With a relief) I'll be with you on Saturday evening.　All right?

注　释 *Notes*

1. 星期的表达法 The days of the week

星期日	星期一	星期二	星期三
xīngqīrì	xīngqīyī	xīngqīèr	xīngqīsān
Sunday	Monday	Tuesday	Wednesday

星期四	星期五	星期六
xīngqīsì	xīngqīwǔ	xīngqīliù
Thursday	Friday	Saturday

在汉语中,要询问一个星期里的哪一天,用"星期几"提问。例如:

In Chinese, we use xīngqī jǐ to ask which day of the week it is.　For example:

今天　星期　几？

Jīntiān　xīngqī jǐ?

What day is today?

——今天　星期五。

——Jīntiān xīngqīwǔ.

——Today is Friday.

2. "得" The use of "děi"

我　得　上　课。

Wǒ děi shàng kè.

I must go to class.

128

"得"用在口语里,表示事实上、情理上或意志上的需要。相当于英语的"to have to"例如:

"děi" (to have to) is used in spoken Chinese to express necessity from reason or desire. For

example:

(1) 星期五 晚上 我 得 上课。

　　Xīngqīwǔ wǎnshang wǒ děi shàng kè.

　　I must go to class on Friday evening.

(2) 下午我 得 上班。

　　Xiàwǔ wǒ děi shàng bān.

　　I have to work in the afternoon.

(3) 现在 我 得去 吃饭。

　　Xiànzài wǒ děi qù chī fàn.

　　I must go to have my meal now.

(4) 晚上 我 得去 接她。

　　Wǎnshang wǒ děi qù jiē tā.

　　I must go and meet her in the evening.

3. 双音节动词重叠 The reduplicated form of two syllable verbs

我 想 练习 练习 英语 口语。

Wǒ xiǎng liànxí liànxí Yīngyǔ kǒuyǔ.

I want to practice oral English.

动词重叠的形式和"动词＋一下"一样,表示动作发生的时间短暂,动作轻松、随便。例如:

Like the phrase "verb ＋ yíxià", the reduplicated form of a verb indicates that the action lasts

only for a short while or that it is done in a relaxed or casual manner. For example:

(1) 请 你介绍 介绍 中国。

　　Qǐng nǐ jièshào jièshào Zhōngguó.

　　Please give an account of China.

(2) 我 想 练习 练习 英语 口语。

Wǒ xiǎng liànxí liànxí Yīngyǔ kǒuyǔ.

I want to have some practice on oral English.

(3) 我 想 看看 英语 书。

Wǒ xiǎng kànkan Yīngyǔ shū.

I want to read some English books.

练 习 *Exercises*

一、练习说下面的词组：

Practice the following phrases:

上 课
shàng kè

上 什么 课
shàng shénme kè

上 英语 课
shàng Yīngyǔ kè

上 口语 课
shàng kǒuyǔ kè

上 英语 口语 课
shàng Yīngyǔ kǒuyǔ kè

二、练习说下边的句子：

Practice the following sentences:

(1) 星期五 晚上 我们 有 个 聚会，你 有 时 间 吗？
Xīngqīwǔ wǎnshang wǒmen yǒu gè jùhuì, nǐ yǒu shíjiān ma?

(2) 星期五 晚上 我 没有 时 间。
Xīngqīwǔ wǎnshang wǒ méiyǒu shíjiān.

(3) 星期五 晚上 我 得 上课。
Xīngqīwǔ wǎnshang wǒ děi shàngkè.

(4) 她 上 什么 课？
Tā shàng shénme kè?

(5) 她 上 英语 课。
Tā shàng Yīngyǔ kè.

130

(6) 她　上　英语　口语课。
　　　Tā shàng Yīngyǔ kǒuyǔ kè.

(7) 她　想　练习　练习　英语　口语。
　　　Tā xiǎng liànxí liànxí Yīngyǔ kǒuyǔ.

(8) 星期六　晚上　我　陪你。
　　　Xīngqīliù wǎnshang wǒ péi nǐ.

三、根据英文说汉语，并比较两种语言在结构和表示法上的不同：

Translate the following into Chinese and try to find the differences between Chinese and English structures and expressions.

(1) Today is Friday.
　　　jīntiān xīngqīwǔ.

(2) I'll be free on Saturday.
　　　xīngqīliù wǒ yǒu shíjiān.

(3) He will go to Shanghai on Tuesday.
　　　xīngqī'èr tā qù Shànghǎi.

(4) He has Chinese class on Monday morning.
　　　xīngqīyī shàngwǔ tā shàng Hànyǔ kè.

写汉字　*Writing Demonstration*

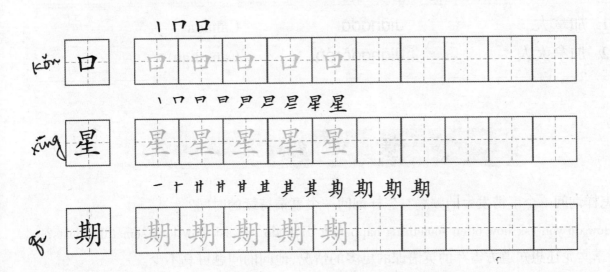

kǒu	口	⏗⎵口
xīng	星	丿⎵口日⎵旦旱星星
qī	期	一十卄卄甘其其期期期期

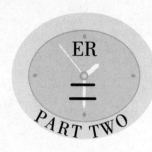

你每星期上几次课？

Nǐ Měi Xīngqī Shàng Jǐ Cì Kè?

How often do you have a class?

新 词 语 *New Words and Phrases*

1.	每	měi	every
2.	星期	xīngqī	week
3.	次	cì	time（frequency）
4.	星期天	xīngqītiān	Sunday
5.	多长	duōcháng	how long
6.	小时	xiǎoshí	hour
7.	外国	wàiguó	foreign country
	外国人	wàiguórén	foreigner

专 名 *Proper names*

1.	加拿大	Jiānádà	Canada
2.	加拿大人	Jiānádàrén	Canadian

课 文 *Text*

怎样询问一个事情发生的频率？怎样询问一个事情持续的时间？

How do you ask how often something happens? How do you ask how long something lasts?

（李文龙还想知道方雪芹的英语课的更多的情况，他问的问题可真不少。）

(Li Wenlong wants to know more about Fang Xueqin's English class. He has so much to ask.)

李文龙:	你 每 星期 上 几 次 课？
	Nǐ měi xīngqī shàng jǐ cì kè?
Li:	How often do you have a class?
方雪芹:	两 次。星期五 晚上 和 星期天 上午。
	Liǎng cì. Xīngqīwǔ wǎnshang hé xīngqītiān shàngwǔ.
Fang:	Twice a week. Friday evening and Sunday morning.
李文龙:	每次多 长 时间？
	Měi cì duō cháng shíjiān?
Li:	How long does the class last each time?
方雪芹:	每次三 个 小时。
	Měi cì sān gè xiǎoshí.
Fang:	Three hours each time.
李文龙:	得 上 几个星期？
	Děi shàng jǐ gè xīngqī?
Li:	How many weeks does the course run?
方雪芹:	十个 星期。
	Shí gè xīngqī.
Fang:	Ten weeks.
李文龙:	老师是 中国人 还是 外国人？
	Lǎoshī shì Zhōngguórén háishi wàiguórén?
Li:	Is the teacher Chinese or a foreigner?
方雪芹:	两 个 老师 都 是 加拿大人。
	Liǎng gè lǎoshī dōu shì Jiānádàrén.
Fang:	Both of the teachers are Canadian.

注 释 *Notes*

 1. "每"与量词 *Měi and the measure word*

你 每 星期 上 几次课?

Nǐ měi xīngqī shàng jǐ cì kè?

"每"用在"年、天、分(钟)"等前面,中间不能加量词;"每"用在"星期、小时、人"等前面,中间可以不加量词,也可以加量词;"每"用在一般名词前面,中间必须加量词。试比较:

No measure word is used between měi and nián, tiān or fēn(zhōng); measure words are optional between měi and nouns such as xīngqī, xiǎoshí, rén, etc. and between měi and ordinary nouns, measure words are necessary. Compare the following:

每 + ~	每 + (量词) + ~	每 + 量词 + ~
měi + ~	měi + (measure word) + ~	měi + measure word + ~

每年 měi nián every year	每 星期 měi xīngqī every week	每个星期 měi gè xīngqī every week	每个公司 měi gè gōngsī every corporation
每天 měi tiān every day	每小时 měi xiǎoshí every hour	每个小时 měi gè xiǎoshí every hour	每个学生 měi gè xuésheng every student
每分(钟) měi fēn(zhōng) every minute	每人 měi rén everybody	每个人 měi gè rén everybody	

2. 用数量词表示动作的数量

Verbal measure words indicating the frequency of an action

每次 (上) 多 长 时间?

Měi cì (shàng) duō cháng shíjiān?

如果要表示某个动作的数量,可在动词后面加数量词。例如:

Verbal measure words are used to indicate the frequency of an action. For example:

(1) 你 每 星期 上 几次课？

Nǐ měi xīngqī shàng jǐ cì kè?

How often do you have a class each week?

(2) 我 每 星期 上 两 次课。

Wǒ měi xīngqī shàng liǎng cì kè.

I have a class twice a week.

3. 多长 + 时间　Duō cháng + duration of time

> 每 次 多 长 时 间？
>
> Měi cì duōcháng shíjiān?

"多长 + 时间"用来询问时间的长度。例如：

Duō cháng + shíjiān is used to ask about the duration of an action. For example:

(1) 甲：每 次 多 长 时 间？

　　Měi cì duō cháng shíjiān?

　　How long does the class last each time?

　乙：每 次 三 个 小 时。

　　Měi cì sān gè xiǎoshí.

　　Three hours each time.

(2) 甲：你 每 天 上课 上 多 长 时 间？

　　Nǐ měi tiān shàng kè shàng duō cháng shíjiān?

　　How long do you have classes every day?

　乙：每 天 上 四 个 小 时。

　　Měi tiān shàng sì gè xiǎoshí.

　　Four hours a day.

(3) 甲：你 每 天 睡觉 睡 多 长 时 间？

　　Nǐ měi tiān shuìjiào/shuì duō cháng shíjiān?

　　How long do you sleep every day?

135

乙：我 每天 睡八个 小时。

Wǒ měi tiān shuì bā gè xiǎo shí.

I sleep eight hours every day.

练 习 *Exercises*

一、用汉语说一个星期中每一天的名称：

Say the names of the seven days of the week in Chinese:

二、练习说下面的句子：

Practice the following sentences:

(1) 你 每 星期 上 几次 课?

Nǐ měi xīngqī shàng jǐ cì kè?

(2) 我 每 星期 上 两 次 课。

Wǒ měi xīngqī shàng liǎng cì kè.

(3) 我 星期五 晚上 和 星期天 上午 上 课。

Wǒ xīngqīwǔ wǎnshang hé xīngqītiān shàngwǔ shàng kè.

(4) 你 每次 上 课 上 多 长 时间?

Nǐ měi cì shàng kè shàng duō cháng shíjiān?

(5) 我 每次 上课 上 三个 小时。

Wǒ měi cì shàngkè shàng sān gè xiǎoshí.

(6) 你 上 课 得 上 几个 星期?

Nǐ shàng kè děi shàng jǐ gè xīngqī?

(7) 我 上 课 得 上 十个 星期。

Wǒ shàng kè děi shàng shí gè xīngqī.

(8) 你的 老师 是 中国人 还是 外国人?

Nǐ de lǎoshī shì Zhōngguórén háishi wàiguórén?

(9) 我的 两个老师 都是 加拿大人。

Wǒ de liǎng gè lǎoshī dōu shì Jiānádàrén.

三、根据下面的英文句子练习说汉语，并比较汉语的结构和表示法跟英语有什么不同。

Translate the following into Chinese and try to find the differences between Chinese and English structures and expressions.

(1) How often do you have a class? (How many times do you have a class every week?)

Nǐ měi xīngqī shàng jǐ cì kè? ?

(2) I have a class five times a week.

wǒ měi xīngqī shàng wǔ cì kè. 。

(3) How long does the class last each time?

měi cì shàng kè duō cháng shíjiān ?

(4) Four hours each time.

měi cì shàngkè shàng sì ge xiǎoshí. 。

(5) He has an English class every morning.

Tā měi shàng wǔ (tiān zǎoshang) shàng yīngyǔ kè. 。

写汉字 Writing Demonstration

duō 多 丶 ク タ タ 多 多

cháng 长 丿 一 长 长

shí 时 丨 冂 冂 日 旷 时 时

明天星期几？

Míngtiān Xīngqī Jǐ?

What day is tomorrow?

新 词 语	**New Words and Phrases**

1.	前天	qiántiān	the day before yesterday
2.	昨天	zuótiān	yesterday
3.	明天	míngtiān	tomorrow
4.	后天	hòutiān	the day after tomorrow
5.	上（个星期）	shàng(gè xīngqī)	last (week)
6.	下（个星期）	xià(gè xīngqī)	next (week)
7.	汉语	Hànyǔ	the Chinese language
8.	汉字	Hànzì	Chinese character
9.	日语	Rìyǔ	the Japanese language
10.	说	shuō	to say, to speak
11.	写	xiě	to write
12.	来	lái	to come
13.	对	duì	right

句 型 练 习	**Sentence pattern drills**

一、根据对话回答问题：

Answer the questions on the following dialogues:

例　*Example*：

甲：今天 星期 几?	乙：今天 星期二。
Jīntiān xīngqī jǐ?	Jīntiān xīngqīèr.

问：今 天　星 期　几？	学生：今 天　星 期二。
Jīntiān　xīngqī jǐ?	Jīntiān　xīngqī'èr.

(1) 甲：　昨 天　星 期 几？
　　　　 Zuótiān xīngqī jǐ?

　　乙：　昨 天　星 期一。
　　　　 Zuótiān xīngqīyī.

　　问：　昨 天　星 期 几？
　　　　 Zuótiān xīngqī jǐ?

　　学生：＿＿＿＿＿＿＿。

(2) 甲：　前 天　星 期 几？
　　　　 Qiántiān xīngqī jǐ?

　　乙：　前 天　星 期天。
　　　　 Qiántiān xīngqītiān.

　　问：　前 天　星 期 几？
　　　　 Qiántiān xīngqī jǐ?

　　学生：＿＿＿＿＿＿＿。

(3) 甲：　明 天　星 期 几？
　　　　 Míngtiān xīngqī jǐ?

　　乙：　明 天　星 期三。
　　　　 Míngtiān xīngqīsān.

　　问：　明 天　星 期 几？
　　　　 Míngtiān xīngqī jǐ?

　　学生：＿＿＿＿＿＿＿。

(4) 甲：　后 天　星 期 几？
　　　　 Hòutiān xīngqī jǐ?

　　乙：　后 天 星 期四。
　　　　 Hòutiān xīngqīsì.

　　问：　后 天　星 期 几？
　　　　 Hòutiān xīngqī jǐ?

　　学生：＿＿＿＿＿＿＿。

二、根据对话回答问题：

Answer the questions on the following dialogues:

例　**Example**：

甲：星期一 你 上　什 么 课？	乙：我 上　汉 语课。
Xīngqīyī nǐ shàng shénme kè?	Wǒ shàng Hànyǔ kè.

问：他 星期一 上　什 么 课？	学生：他 星期一　上　汉语课。
Tā xīngqīyī shàng shénme kè?	Tā xīngqīyī shàng Hànyǔ kè.

(1) 甲：　明 天 你 上　什 么 课？
　　　　 Míngtiān nǐ shàng shénme kè?

　　乙：我　上　汉字课。
　　　　 Wǒ shàng Hànzì kè.

　　问：　明 天 他 上　什 么 课？
　　　　 Míngtiān tā shàng shénme kè?

　　学生：他 ＿＿＿＿＿＿＿。

139

(2) 甲： 这个 星期 你有 没有 汉语 课?
　　　　Zhèige xīngqī nǐ yǒu méiyǒu Hànyǔ kè?

　　　乙： 这个 星期 我 没有 汉语 课。
　　　　Zhèige xīngqī wǒ méiyǒu Hànyǔ kè.

　　　问： 这个 星期 他 有 没有 汉语 课?
　　　　Zhèige xīngqī tā yǒu méiyǒu Hànyǔ kè?

　学生：他＿＿＿＿＿＿＿＿＿＿＿＿＿＿＿。

(3) 甲： 上 个 星期 你 有 几 次 汉语 课?
　　　　Shàng gè xīngqī nǐ yǒu jǐ cì Hànyǔ kè?

　　　乙： 有 三次。
　　　　Yǒu sān cì.

　　　问： 上 个 星期 他 有 几 次 汉语 课?
　　　　Shàng gè xīngqī tā yǒu jǐ cì Hànyǔ kè?

　学生：他＿＿＿＿＿＿＿＿＿＿＿＿＿＿＿。

(4) 甲： 这个 星期 你 有 没有 日语 课?
　　　　Zhèige xīngqī nǐ yǒu méiyǒu Rìyǔ kè?

　　　乙： 这个 星期 我 没有 日语 课,下 个 星期 有。
　　　　Zhèige xīngqī wǒ méiyǒu Rìyǔ kè,xià gè xīngqī yǒu.

　　　问： 这个 星期 他 有 没有 日语 课?
　　　　Zhèige xīngqī tā yǒu méiyǒu Rìyǔ kè?

　学生：＿＿＿＿＿＿＿＿＿＿＿,＿＿＿＿＿＿＿＿。

三、根据对话回答问题:
Answer the questions on the following dialogues:

例 *Example*:

甲:你 每 星期 上 几 次 汉语 课?
　　Nǐ měi xīngqī shàng jǐ cì Hànyǔ kè?

乙: 三次。
　　Sān cì.

问: 她 每 星期 上 几 次 汉语 课?
　　Tā měi xīngqī shàng jǐ cì Hànyǔ kè?

学生:她 每 星期 上 三 次 汉语 课。
　　Tā měi xīngqī shàng sān cì Hànyǔ kè.

140

(1) 甲：你 每 天 说 汉语 吗？
　　　Nǐ měi tiān shuō Hànyǔ ma?
　　乙：对，我 每 天 说 汉语。
　　　Duì, wǒ měi tiān shuō Hànyǔ.
　　问：他 每 天 说 汉语 吗？
　　　Tā měi tiān shuō Hànyǔ ma?
　　学生：_____。

(2) 甲：你 每 天 写 汉字 吗？
　　　Nǐ měi tiān xiě Hànzì ma?
　　乙：对，我 每 天 写 汉字。
　　　Duì, wǒ měi tiān xiě Hànzì.
　　问：他 每 天 写 汉字 吗？
　　　Tā měi tiān xiě Hànzì ma?
　　学生：_____。

(3) 甲：你 每 次 写 多 长 时间 汉字？
　　　Nǐ měi cì xiě duō cháng shíjiān Hànzì?
　　乙：我 每 次 写 一 个 小时 汉字。
　　　Wǒ měi cì xiě yí gè xiǎoshí Hànzì.
　　问：他 每 次 写 多 长 时间 汉字？
　　　Tā měi cì xiě duō cháng shíjiān Hànzì?
　　学生：_____。

(4) 甲：你 每 星期 都 来 上 英语课 吗？
　　　Nǐ měi xīngqī dōu lái shàng Yīngyǔ kè ma?
　　乙：对，我 每 星期 都 来 上 英语课。
　　　Duì, wǒ měi xīngqī dōu lái shàng Yīngyǔ kè.
　　问：他 每 星期 都 来 上 英语课 吗？
　　　Tā měi xīngqī dōu lái shàng Yīngyǔ kè ma?
　　学生：_____。

no exception!
every time you come
dōu?
* makes lái stronger
dōu talking about time.
dōu not needed.

综合练习 Comprehensive exercises

一、完成对话：
Complete the following dialogues:

(1) A：你 想 上 什么 课？
　　　Nǐ xiǎng shàng shénme kè?
　　B：__wǒ xiǎng shàng zhōng kè__

(2) A：这 个 星期 你 有 时间 吗？
　　　Zhèige xīngqī nǐ yǒu shíjiān ma?
　　B：没有，下 个_____。
　　　Méiyǒu, xià gè_____.
　　　méiyǒu wǒ yě

141

(3) A: 你喜欢 星期几?
　　　 Nǐ xǐhuan xīngqī jǐ?
　　B: ＿＿＿＿＿＿＿＿＿＿。

(4) A: ＿＿＿＿＿＿＿＿＿＿?
　　B: 我 的 老师 是 中国人。
　　　 Wǒ de lǎoshī shì Zhōngguórén.

二、用所给的词完成下面的一段话:
— **Complete the following passage with the given words:**

星期＿＿＿＿我 没有 时间, 我 得＿＿＿＿。
Xīngqī ＿＿＿＿wǒ méiyǒu shíjiān, wǒ děi ＿＿＿＿.

我 每 星期 得 上 ＿＿＿＿ 次 课:
Wǒ měi xīngqī děi shàng＿＿＿＿cì kè:

星期＿＿＿＿、星期 ＿＿＿＿……和 星期＿＿＿＿。
xīngqī ＿＿＿＿、xīngqī ＿＿＿＿……hé xīngqī ＿＿＿＿.

每 次 上 ＿＿＿＿ 个 小时。
Měi cì shàng＿＿＿＿gè xiǎoshí.

三、请你说:
Speak on the following situations:

问问你的一个朋友他上课的情况(上什么课、时间、老师)。
— Ask a friend of yours about his class (what class, what time, how long and who the teacher is).

语音练习 *Pronunciation drills*

1. 注意每组中相同的部分:
Pay attention to the common sounds in each group:

z　kùzi – bú zài – zǎoshang – qǐng zuò
s　sān gè – sì gè – gōng sī – suānnǎi

2. 注意区别 d – t – n – l:
Differentiate d – t – n – l:

shāngdiàn – míngtiān – hòunián – liànxí

142

Xiǎo Tián měi tiān dōu liànxí kǒuyǔ.

Lǎo Tián měi tiān dōu qù shāngdiàn.

3. 注意声调：

Tones:

ˊ+ˉ: shíjiān, zuótiān, qiántiān, míngtiān

ˊ+ˊ: tóngxué, yínháng, yóujú, chúfáng

ˊ+ˇ: míngwǎn, zuówǎn, bómǔ

ˊ+ˋ: tóngshì, xuéxiào, bófù

ˊ+轻声（neutral tone）: péngyou, xuésheng, míngzi

走 马 观 花 *A Glimpse of Modern Chinese Culture*

历 法
The Chinese Calendar

中国人用的日历不仅有国际上通用的公历（阳历），还有中国传统的历法——农历（阴阳历）。农历的"月"每个月29天或30天，全年354或355天，每隔一定的年数就有一个闰年，闰年13个月，全年384或385天。所以，中国传统的新年——春节，虽总是在农历的一月一号，但在公历里却不是固定在某一天。另外根据太阳在地球上的活动周期定有二十四节气，人们依此来安排农业生产。这也是将中国传统历法称为"农历"的缘故。农历是用传统的天干、地支来表示年的顺序，如2001年是辛巳年。每六十年一个循环。

需要注意的是：汉语中对公历"年"的读法和英语不一样，例如"1998年"读作"一九九八年"，不是"十九 九十八年"。而且年月日的排列顺序是从大到小：1998年1月28日星期三。

In China, both the Gregorian Calendar and the traditional Chinese calendar are used. According to the Chinese calendar, there are 29 or 30 days in a month and 354 or 355 days in a year and there is a leap year after a certain number of years (seven leap years in nineteen years). There are 13 months or 384 or 385 days in a leap year. The Spring Festival or the Chinese New Year always falls on the first day of the first month by the Chinese calendar, but on different days by the

Gregorian Calendar. A Chinese year is divided into 24 solar terms and peasants organize their farming around it. That is why the traditional Chinese calendar is also known as the Farming Calendar. The 10 Tiāngān (Heavenly Stems) and 12 Dìzhī (Earthly Branches) are combined into 60 pairs to designate years, e. g. 2001 is the Xīnsì year. A cycle is every 60 years.

Note that the way to say the year in Chinese is different from the English way, for instance, 1998 is read as "Yī jiǔ jiǔ bā" in Chinese, rather than the English way of "nineteen ninety eight". To tell the date and the day of the week with the month and year, the order is Year – Month – Date – Day of the Week, e. g. 1998 nián 1 yuè 28 rì xīngqīsān. see p. 150

写汉字 *Writing Demonstration*

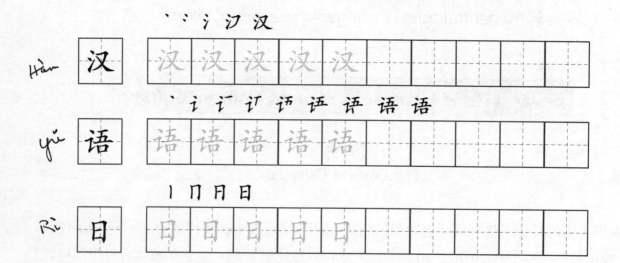

第八课
Dì - bā Kè

LESSON EIGHT

Track 2, (2)

语 用 范 例 *Examples of Usage*

1. 说去做某事 *Saying that you are going to do something*

我 去 买 报纸。
Wǒ qù mǎi bàozhǐ.
I to go to buy newspaper
I am going to buy some newspapers.

2. 询问日期 *Asking what date it is*

今天 几 月 几 号?
Jīntiān jǐ yuè jǐ hào?
today which month which date
What date is it today?

3. 询问价钱 *Asking the price*

多少 钱?
Duōshao qián?
how much money
How much (money) does it cost?

苹果 多少 钱 一 斤?
Píngguǒ duōshao qián yì jīn?
apple how much money one jin
How much is a *jin* of apples?

4. 人民币的表达　*Counting Renminbi（RMB）*

五 毛
wǔ máo
five mao
fifty cents

一 块
yí kuài
one kuai
one yuan

两 块 五
liǎng kuài wǔ
two kuai five
two yuan and fifty cents

一 百 块
yì bǎi kuài
one hundred kuai
one hundred yuan

5. 询问原因（一）　*Asking for a reason（1）*

为什么 不 买　芒果?
Wèishénme bù　mǎi　mángguǒ?
why　　not io buy　mango
Why not buy mangoes?

6. 表达程度高　*Expressing a high degree*

太 贵 了。
Tài guì le.
too expensive（modal particle）
It's too expensive.

这是昨天的报纸

Zhè Shì Zuótiān De Bàozhǐ

This is yesterday's newspaper

| | 新 词 语 | *New Words and Phrases* |

1.	买	mǎi	to buy
2.	卖	mài	to sell
3.	报纸	bàozhǐ	newspaper
4.	月	yuè	month
5.	号（日）	hào	date
6.	多少	duōshǎo	how many, how much
	多	duō	many, much
	少	shǎo	few, little
7.	钱	qián	money
8.	毛（角）	máo	a unit of Chinese money. 1 mao is 10 fen or 1/10 of a yuan
9.	块（元）	kuài	a unit of Chinese money. 1 yuan is 10 mao or 100 fen
10.	分	fēn	a unit of Chinese money. 1 fen is 1/10 mao or 1% of a yuan
11.	份	fèn	a measure word used for newspapers meaning "a copy" or "a kind"

| | 课 文 | *Text* |

怎样询问日期？怎样询问东西的价钱？

How do you ask the date? How do you ask for the price of something?

（方父、方母一起出门，方父看见报摊）

(Fang Xueqin's parents go out. Her father sees a newsagent.)

方 父： （对方母）我 去 买 报 纸。

            Wǒ qù mǎi bàozhǐ.

Fang's father: (To Fang's mother) I am going to buy some newspapers.

（方父走到报摊前停下，方母随着走来。方父抽出一份报纸问方母）

(Followed by his wife, he goes to the newsagent, takes a newspaper and asks . . .)

方 父： 今 天 几 月 几 号？

         Jīntiān jǐ yuè jǐ hào?

Father: What is the date today?

方 母： 今 天 九 月 一 号。

      Jīntiān jiǔ yuè yī hào.

Mother: Today is September 1.

方 父： （看着报纸自言自语）八 月 三十一 号。

                Bā yuè sānshíyī hào.

Father: (Reading the newspaper, he talks to himself) August 31.

方 母： 这 是 昨 天 的 报 纸。

     Zhè shì zuótiān de bàozhǐ.

Mother: This is yesterday's paper.

方 父： 没 关 系。（转向卖报的）多 少 钱？

     Méi guānxi.   Duōshao qián?

Father: It doesn't matter. (Turning to the seller) How much is this?

卖报的： 五 毛。

     Wǔ máo.

Seller: 5 mao.

方 父： （又抽出一份报纸）这 个 多 少 钱？

           Zhèige duōshao qián?

Father: (Taking another newspaper) How much is this?

卖报的：	这 个 一 块。
	Zhèige yí kuài.
Seller:	1 yuan for this.
	（方母拿出一块五给卖报的）
	(Mother pays the seller 1 yuan and 5 mao.)

注　释　*Notes*

 1. "买"和"卖" The verbs mǎi and mài

我 去 买 报 纸。　　　　　卖　报　的

Wǒ qù mǎi bàozhǐ.　　　　mài bào de

"买"和"卖"是一对反义词,要记住它们不同的声调和不同的汉字:

Mǎi and mài are antonyms which are pronounced in different tones and written with different characters.

买 ——我 买 报 纸。	卖 ——他 卖 报 纸。
mǎi—— Wǒ mǎi bàozhǐ.	mài—— Tā mài bàozhǐ.
To buy ——I buy a newspaper.	To sell —— He sells newspapers.

 2. 日期的表示法 Giving dates

今 天 九 月 一 号。

Jīntiān jiǔ yuè yī hào.

汉语中"月"的表示法是:

In Chinese, months are named:

一 月	二 月	三 月	......	十 二 月
yī yuè	èr yuè	sān yuè	...	shí'èr yuè
January	February	March	...	December

149

"日"的表示法在口语中用"数字＋号"，书面语中用"数字＋日"。例如：

Dates are indicated by"Numeral ＋ hào"when speaking and"Numeral ＋ rì"is used in writing, e. g.

口语 In spoken Chinese			书面语　In written Chinese		
一号	yī hào	first	一日	yī rì	the first (of a month)
二号	èr hào	second	二日	èr rì	the second (of a month)
三号	sān hào	third	三日	sān rì	the third (of a month)
…			…		

月和日连说的时候，"月"一定在"日"的前边。例如：

When month and date are given at the same time, the month is always followed by the date, e. g.

一月一号（日）	三月五号（日）	九月十号（日）
yī yuè yī hào(rì)	sān yuè wǔ hào(rì)	jiǔ yuè shí hào(rì)
January 1.	March 5.	September 10.

3. 询问日期 Asking what date it is

今天几月几号？

Jīntiān jǐ yuè jǐ hào?

汉语中用下面的方法询问日期：

Here is the question which asks what date it is:

今天几号？

Jīn tiān jǐ hào?

What is the date today?

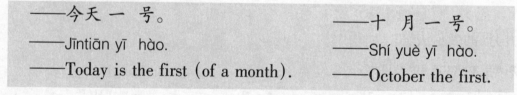

——今天一号。

——Jīntiān yī hào.

——Today is the first (of a month).

——十月一号。

——Shí yuè yī hào.

——October the first.

4. 人民币的单位量词　Units of Renminbi

人民币的单位量词，口语中用块、毛、分，书面语中用元、角、分。十分为一角，十角为一元。

The units of Renminbi are kuài, máo and fēn in spoken Chinese and yuán, jiǎo and fēn in written Chinese.   10 fen are equal to 1 mao/jiao and 10 mao/jiao make 1 kuai/yuan.

口语 In spoken Chinese	书面语 In written Chinese
块　　kuài	元　　yuán
毛　　máo	角　　jiǎo
分　　fēn	分　　fēn

5. 用"多少"询问数量　Asking about quantity, using duōshao

> 多　少　钱?
> Duōshao qián?

询问数量,除了用"几"以外,还可以用"多少"。询问价钱时一般用"多少钱"。例如:

Beside Jǐ, duōshao is another word which is used to ask about quantity.   Duōshao qián is used to ask for a price. For example:

(1) 甲:你 每 星期 上 多少 次课?

　　　Nǐ měi xīngqī shàng duōshao cì kè?

　　　How often do you have classes?

乙: 三 次。

　　　Sān cì.

　　　Three times.

(2)甲: 今天 多少 号?

　　　Jīntiān duōshao hào?

　　　What is the date today?

乙:今天 一 号。

　　　Jīntiān yī hào.

　　　Today is the first.

(3)甲: 方 雪芹家在 多少 号?

　　　Fāng Xuěqín jiā zài duōshao hào?

　　　What number is Fang Xueqin's house?

乙: 她 家在 ２０３ 号。

　　　Tā jiā zài èr líng sān hào.

　　　Her house is No. 203.

151

报纸的量词　Measure words for newspapers

这个 多少 钱?

Zhèige duōshao qián?

"这个多少钱"中的"个"不是报纸专用的量词。在口语中,"个"有时被用来代替名词专用的量词,尤其是和"这、那、哪"一起使用时。报纸专用的量词是:

Gè in Zhèige duōshao qián is not the specific measure word for newspapers, however, in spoken Chinese gè is sometimes used in place of the specific measure words of nouns, especially those preceded by zhè, nà or nǎ. The specific measure word for newspapers is:

份	一 份 报 纸
fèn	yí fèn bào zhǐ
a copy	a copy of a newspaper

或:
Or:

张	一 张 报 纸
zhāng	yì zhāng bàozhǐ
a sheet	a sheet of a newspaper.

例如:
For example:

(1) 我 买 一 份 报 纸。

Wǒ mǎi yí fèn bàozhǐ.

I want to buy a newspaper.

——五 毛 四 一 份。

——Wǔ máo sì yí fèn.

——Fifty four (cents) a copy.

(2) 这 份 报 纸 多 少 钱?

Zhèi fèn bàozhǐ duōshao qián?

How much is this newspaper?

——五 毛 四 (分)。

——Wǔ máo sì (fēn).

——Fifty four (cents).

练 习　*Exercises*

一、根据英文用汉语说日期:

Change the following into Chinese:

(1) March 8 ＿＿＿＿＿＿＿＿＿＿＿＿＿＿＿＿

(2) May 4 ＿＿＿＿＿＿＿＿＿＿＿＿＿＿＿＿

(3) July 1 ＿＿＿＿＿＿＿＿＿＿＿＿＿＿＿＿

(4) October 25 ＿＿＿＿＿＿＿＿＿＿＿＿＿＿

(5) December 31 ＿＿＿＿＿＿＿＿＿＿＿＿＿

二、根据答话的内容提问：

Give a question for each of the statements:

(1) A: ＿＿＿＿＿＿?

　　B: 今天 六月 二 号。
　　　　Jīntiān liù yuè èr hào.

(2) A: ＿＿＿＿＿＿?

　　B: 昨天 六月 一 号。
　　　　Zuótiān liù yuè yī hào.

(3) A: ＿＿＿＿＿＿?

　　B: 明天 六月 三 号。
　　　　Míngtiān liù yuè sān hào.

三、练习说下边的句子：

Practice the following sentences:

(1) 我 去 买 报纸。
　　Wǒ qù mǎi bàozhǐ.

(2) 我 不 卖 报纸。
　　Wǒ bú mài bàozhǐ.

(3) 他 卖 报纸。
　　Tā mài bàozhǐ.

(4) 今天 几 月 几 号?
　　Jīntiān jǐ yuè jǐ hào?

(5) 今天 九 月 一 号。
　　Jīntiān jiǔ yuè yī hào.

(6) 这 是 昨天 的 报纸。
　　Zhè shì zuótiān de bàozhǐ.

(7) 这 是 八 月 三十一 号 的 报纸。
　　Zhè shì bā yuè sānshíyī hào de bàozhǐ.

(8) 报纸 多 少 钱?
　　Bàozhǐ duōshao qián?

(9) 五 毛。
　　Wǔ máo.

153

丨 小 小 少

少 *shǎo*

丿 几 月 月

月 *yuè*

丿 二 三 毛

毛 *máo*

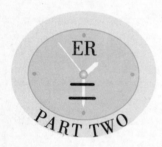

苹果多少钱一斤？

Píngguǒ Duōshao Qián Yì Jīn?

How much is a jin of apples?

1.	苹果	píngguǒ	apple
2.	斤	jīn	Jin, a Chinese measure of weight. 1 jin = 0.5 kilogram
3.	橙子	chéngzi	orange
4.	芒果	mángguǒ	mango
5.	一共	yígòng	altogether, totally
6.	给	gěi	to give
7.	为什么	wèishénme	why
8.	太……了	tài…le	It is too …
9.	贵	guì	expensive
10.	因为	yīnwèi	because

对于单位数量的东西,怎样询问其价钱呢? 对于贵的东西,怎样表达看法呢?

How do you ask the price of something that is counted in units?What do you say when you think something is too expensive?

(方父买了报纸,方母也要买点儿东西。她在水果摊买水果。)

(After Fang Xueqin's father bought newspapers, her mother wanted to buy something too. She buys fruit at a fruit stall.)

方　母:	苹果　多少　钱一斤?
	Píngguǒ duōshao qián yì jīn?
Mother:	How much is a jin of apples?
卖水果的:	一　块　八。
	Yí kuài bā.
Seller:	One yuan and eighty (fen).
方　母:	橙子　呢?
	Chéngzi ne?
Mother:	What about oranges?
卖水果的:	两　块　五。
	Liǎng kuài wǔ.
Seller:	Two yuan and fifty (fen).
方　父:	芒果　多少　钱一斤?
	Mángguǒ duōshao qián yì jīn?
Father:	How much is a jin of mangoes?
卖水果的:	十二　块。
	Shí'èr kuài.
Seller:	Twelve yuan.
方　母:	我买　两　斤苹果,　两　斤　橙子。
	Wǒ mǎi liǎng jīn píngguǒ,liǎng jīn chéngzi.
Mother:	I want two jin of apples and two jin of oranges.
	(卖水果的称好了水果)

(The Seller has weighed the fruits.)

方 母： 一共 多少 钱？

Yígòng duōshao qián?

Mother: How much altogether?

卖水果的： 一共 八 块 六。

Yígòng bā kuài liù.

Seller: Eight yuan and sixty (fen).

方 母： （付钱）给你 钱。

Gěi nǐ qián.

Mother: (Paying) Here is the money.

方 父： （问方母）为什么 不 买 芒果？

Wèishénme bù mǎi mángguǒ?

Father: (Asking Mother) Why not buy some mangoes?

方 母： 芒果 太 贵 了。

Mángguǒ tài guì le.

Mother: They are too expensive.

注 释 *Notes*

1. 表示重量的单位"斤"和"两" The units of weight Jīn and Liǎng

1 斤 jīn = 0. 5kg = 500g

1 两 liǎng = 50g

1 斤 jīn = 10 两 liǎng

2. 询问单位数量的物品的价钱 Asking for the price of something which is counted in units

苹果 多少 钱 一斤？

Píngguǒ duōshao qián yì jīn?

156

汉语中,用"多少钱＋一＋单位"来询问单位数量的物品的价钱。例如:

In Chinese, the form "duōshao qián ＋ yī ＋ unit" is used to ask the price of something which is counted in units. For example:

(1) 苹果　多少　钱 一 斤？

Píngguǒ duōshao qián yì jīn?

How much is a jin of apples?

—— 一　块　八（毛）。

—— Yí kuài bā (máo).

—— One yuan and eighty cents.

(2) 橙子　多少　钱　一 斤？

Chéngzi duōshao qián yì jīn?

How much is a jin of oranges?

—— 两　块　五（毛）。

——Liǎng kuài wǔ (máo).

——Two yuan and fifty cents.

3. 两位数以上钱数的表达 Indication of amounts of money when two or more units are involved

一 块 八。　　两　块 五。

Yí kuài bā.　　Liǎng kuài wǔ.

两位数以上的钱数,最后一位数的单位在口语中省略不说,在书面语中一般不省略。例如:

The last unit of an amount of money involving two or more units is normally omitted in speaking, but it remains in writing. For example:

	口语 In spoken Chinese	书面语 In written Chinese
1.8	一 块 八（毛） yí kuài bā（máo）	一 元 八 角 yì yuán bā jiǎo
1.82	一 块 八 毛 二（分） yí kuài bā máo èr（fēn）	一 元 八 角 二 分 yì yuán bā jiǎo èr fēn
2.5	两 块 五（毛） liǎng kuài wǔ（máo）	二 元 五 角 liǎng yuán wǔ jiǎo
2.59	两 块 五 毛 九（分） liǎng kuài wǔ máo jiǔ（fēn）	二 元 五 角 九 分 liǎng yuán wǔ jiǎo jiǔ fēn
37.6	三十七 块 六 毛 sānshíqī kuài liù máo	三十七 元 六 角 sānshíqī yuán liù jiǎo
37.65	三十七 块 六 毛 五（分） sānshíqī kuài liù máo wǔ（fēn）	三十七 元 六 角 五 分 sānshíqī yuán liù jiǎo wǔ fēn

4. 用"为什么"询问原因 Asking for a reason, using Wèishénme

为什么 不买 芒果?

Wèishénme bù mǎi mángguǒ?

"为什么"用来询问原因,回答时可以用"因为……",也可以直接回答原因。例如:

Wèishénme is used to ask for a reason. The reason is given in the answer with or without yīnwèi (because). For example:

为什么 不买 芒果?

Wèishénme bù mǎi mángguǒ?

Why not buy mangoes?

——因为 芒果 太贵了。

—— Yīnwèi mángguǒ tài guì le.

——**Because mangoes are too expensive.**

Or:

——芒果 太贵了。

——Mángguǒ tài guì le.

——**Mangoes are too expensive.**

5. "太……了"格式 The construction "Tài…le"

芒果 太贵了。

Mángguǒ tài guì le.

"太……了"表示程度非常高。例如:

The construction "tài…le" expresses a high degree. For example:

(1) 天龙 公司太远了。

Tiānlóng Gōngsī tài yuǎn le.

The Tianlong Corporation is too far.

(2) 最近我太忙了。

Zuìjìn wǒ tài máng le.

I have been too busy recently.

(3) 太 谢 谢 你 了!

Tài xièxie nǐ le!

Thank you so much!

——不 客 气, 不 用 谢。

—— Bú kèqi, bú yòng xiè.

——You are welcome.

(4) 你 想 不 想 去 颐和园?

Nǐ xiǎng bù xiǎng qù Yíhéyuán?

Do you want to go to the Summer Palace?

——我 太 想 去 了!

— Wǒ tài xiǎng qù le!

——Sure I do.

练 习 *Exercises*

一、用汉语说下边的钱数:

Give the following amounts of money in Chinese:

(1) 1.68 元(yuán) _____

(2) 3.6 元(yuán) _____

(3) 10.5 元(yuán) _____

(4) 45.89 元(yuán) _____

(5) 2.32 元(yuán) _____

(6) 12.2 元(yuán) _____

二、根据图画和给出的提示,用"太……了"结构完成句子:

Complete the following sentences using the "*Tài...le*" construction according to the pictures and words given:

(1) 书,多
shū,duō

(2) 冰激凌,少
bīngjilíng,shǎo

(3) 衣服,大
yīfu,dà

(4) 会议室,小
huìyìshì,xiǎo

三、练习说下边的句子：

Practice the following sentences:

(1) 苹果 多少 钱 一 斤？
Píngguǒ duōshao qián yì jīn?

(2) 苹果 一块 八 一 斤。
Píngguǒ yí kuài bā yì jīn.

(3) 橙子 多少 钱 一 斤？
Chéngzi duōshao qián yì jīn?

(4) 橙子 两 块 五 一 斤。
Chéngzi liǎng kuài wǔ yì jīn.

(5) 我 买 两 斤 苹果，两 斤 橙子。
Wǒ mǎi liǎng jīn píngguǒ, liǎng jīn chéngzi.

(6) 一共 多少 钱？
Yígòng duōshao qián?

(7) 一共 八 块 六。
Yígòng bā kuài liù.

(8) 给 你 钱。
Gěi nǐ qián.

(9) 给 你 苹果 和 橙子。
Gěi nǐ píngguǒ hé chéngzi.

(10) 为什么 不 买 芒果？
Wèishénme bù mǎi mángguǒ?

(11) 芒果 太 贵 了。
Mángguǒ tài guì le.

写汉字 *Writing Demonstration*

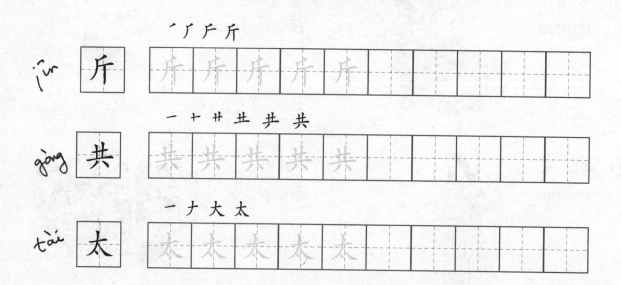

160

明天几月几号?

Míngtiān Jǐ Yuè Jǐ Hào?

What date（of the month）is tomorrow?

新 词 语 *New Words and Phrases*

1.	年	nián	year
2.	件	jiàn	a measure word for clothes, matter, etc.
	一件衣服	yí jiàn yīfu	a piece of clothes*ing*
3.	条	tiáo	a measure word for trousers, skirt, etc.
	一条裤子	yì tiáo kùzi	a pair of trousers
4.	本	běn	a measure word for books, notebooks, etc.
	一本书	yì běn shū	a book, a copy of a particular book
5.	支	zhī	a measure word for any writing instrument, etc.
6.	笔	bǐ	writing instrument (such as pen, pencil, etc.)
	一支笔	yì zhī bǐ	a pen (pencil, ball pen or any other writing instrument)
7.	便宜	piányi	cheap, inexpensive
8.	旧	jiù	old, used
9.	教室	jiàoshì	classroom
10.	穿	chuān	to put on, to wear
11.	生日	shēngrì	birthday
12.	电影	diànyǐng	movie, motion picture
13.	票	piào	ticket

161

前天	qiántiān	the day before yesterday
前年	qiánnián	the year before last
昨天	zuótiān	yesterday
去年	qùnián	last year
今天	jīntiān	today
今年	jīnnián	this year
明天	míngtiān	tomorrow
明年	míngnián	next year
后天	hòutiān	the day after tomorrow
后年	hòunián	the year after next

句型练习 *Sentence pattern drills*

一、模仿对话提问：

Ask questions after the model:

苹果　多少　钱一斤？
Píngguǒ　duōshao qián yì　jīn?

例 *Example*：

甲：请问，这衣服　多少　钱一件？　乙：二百九一件。
Qǐngwèn, zhè yīfu duōshao qián yí jiàn?　　Èrbǎi jiǔ　yí jiàn.

学生：那衣服　多少　钱　一件？　乙：二百　九一件。
Nà　yīfu　duōshao qián yí jiàn?　　Èrbǎi jiǔ　yí jiàn.

(1)　甲：请问，这裙子　多少　钱一条？
　　Qǐngwèn, zhè qúnzi duōshao qián yì tiáo?
　　乙：一百六十八。
　　Yì bǎi liùshíbā.
　学生：＿＿＿＿＿＿＿＿＿＿＿？
　　乙：一百六十八。
　　Yì bǎi liùshíbā.

(2)　甲：那裤子多少　钱一条？
　　Nà　kùzi duōshao qián yì tiáo?
　　乙：一百四十五。
　　Yì bǎi sìshíwǔ.
　学生：＿＿＿＿＿＿＿＿＿＿＿？
　　乙：一百四十五一条。
　　Yì bǎi sìshíwǔ yì tiáo.

162

(3) 甲：这书 多少 钱一本？
　　　Zhè shū duōshao qián yì běn?

乙：二十三 块 六。
　　èrshísān kuài liù.

学生：_____?

乙：二十三 块 六 一本。
　　èrshísān kuài liù yì běn.

(4) 甲：这笔多少 钱 一支？
　　　Zhè bǐ duōshao qián yì zhī?

乙：四 块 五。
　　Sì kuài wǔ.

学生：_____?

乙：四块 五一支。
　　Sì kuài wǔ yì zhī.

二、根据对话用"太……了"回答问题：
Answer the question on each dialogue, using "tài…le":

芒果 太贵 了。
Mángguǒ tài guì le.

例　***Example***：

甲：芒果 太贵 了，我 不 想 买 芒果。
　　Mángguǒ tài guì le, wǒ bù xiǎng mǎi mángguǒ.

乙：橙子 便宜，八 块 五 一 斤。
　　Chéngzi piányi, bā kuài wǔ yì jīn.

甲：橙子 也 不 便宜。
　　Chéngzi yě bù piányi.

问：橙子 便宜 不 便宜？
　　Chéngzi piányi bù piányi?

学生：橙子 也 不 便宜。
　　　Chéngzi yě bù piányi.

(1) 甲：你 为什么 不 穿 那 条 裤子？
　　　Nǐ wèishénme bù chuān nèi tiáo kùzi?

乙：那 条 裤子 太 旧 了。
　　Nèi tiáo kùzi tài jiù le.

问：她 为什么 不 穿 那 条 裤子？
　　Tā wèishénme bù chuān nèi tiáo kùzi?

学生：_____。

163

(2) 甲：你 为 什么 不 买 那 件 衣服?

　　　Nǐ wèishénme bù mǎi nèi jiàn yīfu?

　　乙：那 件 衣服 太 大 了。

　　　Nèi jiàn yīfu tài dà le.

　　问：他 为 什么 不 买 那 件 衣服?

　　　Tā wèishénme bù mǎi nèi jiàn yīfu?

　　学生：＿＿＿＿＿＿＿＿＿＿＿＿＿＿＿＿＿。

(3) 甲：你们 为 什么 不 在 305 教室 上课?

　　　Nǐmen wèishénme bú zài 305 jiàoshì shàngkè?

　　乙：305 教室 太 小 了。

　　　305 jiàoshì tài xiǎo le.

　　问：他们 为 什么 不 在 305 教室 上课?

　　　Tāmen wèishénme bú zài 305 jiàoshì shàngkè?

　　学生：＿＿＿＿＿＿＿＿＿＿＿＿＿＿＿＿＿。

三、根据对话回答问题:

Answer the questions on the following dialogues: *written uses*

今 天 几 月 几 号?	今 天 九 月 一 号。
Jīntiān jǐ yuè jǐ hào?	Jīntiān jiǔ yuè yī hào.

例　*Example*:

甲：你 的 生 日 是 几 月 几 号?	乙：10 月　28　号。
Nǐ de shēngrì shì jǐ yuè jǐ hào?	Shí yuè èrshíbā hào.

问:他 的 生 日 是 几 月 几 号?
Tā de shēngrì shì jǐ yuè jǐ hào?

学生:他 的 生 日 是 10 月 28 号。
Tā de shēngrì shì shí yuè èrshíbā hào.

(1) 甲：一起看 电影，好 吗？
　　　Yìqǐ kàn diànyǐng,hǎo ma?
　　乙：好 啊。几 号 的 电影？
　　　　Hǎo a.　 Jǐ hào de diànyǐng?
　　甲：十一 月 三 号。
　　　　Shíyī yuè sān hào.
　　问：她们 看 几 号 的 电影？
　　　　Tāmen kàn jǐ hào de diànyǐng?
　　学生：_____。

(2) 甲：你 看 几 号 的 电影？
　　　　Nǐ kàn jǐ hào de diànyǐng?
　　乙：我 看 二十一 号 的 电影。
　　　　Wǒ kàn èrshíyī hào de diànyǐng.
　　问：他 看 几 号 的 电影？
　　　　Tā kàn jǐ hào de diànyǐng?
　　学生：他_____。

(3) 甲：现在 有 几 号 的 电影票？
　　　　Xiànzài yǒu jǐ hào de diànyǐngpiào?
　　乙：十二 月 一 号、二 号、三 号 的 电影票 都 有。
　　　　Shí'èr yuè yī hào、èr hào、sān hào de diànyǐngpiào dōu yǒu.
　　　你 买 几 号 的 票？
　　　　Nǐ mǎi jǐ hào de piào?
　　甲：我 买 一 号 的 票。
　　　　Wǒ mǎi yī hào de piào.
　　问：他 买 几 号 的 票？
　　　　Tā mǎi jǐ hào de piào?
　　学生：_____。

综 合 练 习 *Comprehensive exercises*

一、说说日历上是几月几号：

Read the dates shown in the following pages of a calendar:

你的生日是几月几号？

When is your birthday?

说说你的家人的生日是几月几号。

Give the birthdays of your relatives.

二、问问这些东西是多少钱,并根据提示回答：

Ask the prices of the following things and give the prices as suggested:

报纸 0.8元
bàozhǐ

橙子 3元
chéngzi

165

书　34.60元
shū

衣服　110元
yīfu

你　想买　什么?

Do you want to buy any of them?

三、用所给的词完成下面的一段话:

Complete the following passage with the given words:

芒果　12块 ＿＿＿＿＿,太 ＿＿＿＿＿ 了,我 不 ＿＿＿＿＿＿,我 买 ＿＿＿＿＿＿。

Mángguǒ 12 kuài＿＿＿＿＿,tài ＿＿＿＿＿ le, wǒ bù ＿＿＿＿＿＿, wǒ mǎi＿＿＿＿＿.

四、请你说:

Speak on the following situations:

(1) 询问你想买的东西的价格。

Ask the prices of things you want to buy.

(2) 你买了东西以后,询问总共多少钱。

Ask how much you should pay for all the things you have bought.

(3) 说说你觉得什么东西贵,什么东西便宜。

Say which of the things you think are expensive and which are not.

语音练习　*Pronunciation drills*

1. 注意每组中相同的部分:

   Pay attention to the common finals in each group:

   eng　shāoděng – péngyou – chéngzi – xiānsheng

   ong　yígòng – bàngōngshì – Zhōngguó – tóngshì

2. 注意区别 zh – ch – sh – r:

   Differentiate zh – ch – sh – r:

bàozhǐ – chīfàn – lǎoshī – Rìběn

Lǎoshī chīfàn, kàn Rìběn bàozhǐ.

3. 注意声调：

Tones:

ˇ + ‐ ：lǎoshī, wǒjiā

ˇ + ´ ：Měiguó, qǐchuáng

ˇ + ˇ → ´ + ˇ ：jǐ diǎn, xiǎojiě, shuǐguǒ, lěngyǐn

ˇ + ˋ ：Lǎo Zhào, qǐngwèn, wǒ jiào, wǔ hào

ˇ + 轻声 (neutral tone)：jiějie, nǎinai

— father's side grandmother

走 马 观 花 *A Glimpse of Modern Chinese Culture*

报 纸

Newspapers

在中国,报纸、杂志的种类繁多,包罗了社会生活的方方面面。想看报纸或期刊杂志,可以在邮局订阅,通过邮递送到门上;也可以到报刊零售点去买,在街上随处都可以看到这样的“邮政报刊亭”。但是有些专业性强、读者面窄的报纸、期刊,就只能通过邮局订阅了。

以下是常见的几种报纸:

There are numerous kinds of newspapers and periodicals covering all aspects of social life. Newspapers and periodicals can be subscribed to at the post office and they are available at newsagents. Newsagents can be found everywhere on the streets and sell most periodicals, except those that are professional or technical or those that have a limited readership.

Here are examples of the most common newspapers:

报纸常见的种类有:“日报”:《人民日报》《经济日报》《中国青年报》等。

Daily newspapers:

Renmin Ribao
(The People's Daily)

Jingji Ribao
(The Economy Daily)

Zhongguo Qingnian Bao
(The Chinese Youth Daily)

各个比较大的城市一般都有自己的"晚报"：《北京晚报》。

There are evening newspapers in most major cities:

Evening newspaper: Beijing Wanbao(Beijing Evening Paper)

还有一些是"周报"：《南方周末》。

In addition, there are some weekly newspapers:

Zhoubao

Weekly Newspaper: Nanfang Zhoumo

(The Southern Weekend)

写汉字 *Writing Demonstration*

第九课

Dì - jiǔ   Kè

LESSON NINE

语 用 范 例 *Examples of Usage*

1. 提出建议   *Making a suggestion*

> 去　吃　饭　吧。
> Qù　chī　fàn　ba.
> *to go to eat meal (modal particle)*
> Let's go for dinner.

2. 询问东西是否好吃   *Asking whether something is delicious*

> 牛肉　饺子好　吃　　吗?
> Niúròu jiǎozi hǎo chī　ma?
> *beef　jiaozi good to eat (interrogative particle)*
> Are the *jiaozi* with beef stuffing delicious?

3. 询问能力   *Asking about ability*

> 你　能　吃　几　　两　饺子?
> Nǐ néng chī　jǐ　liǎng jiǎozi?
> *you can to eat how many liang jiaozi*
> How many *liang* of *jiaozi* can you manage?

4. 征询意见 *Asking for an opinion*

你 觉得 牛肉 饺子 怎么样?

Nǐ   juéde niúròu jiǎozi zěnmeyàng?

you to feel beef   jiaozi   how

How did you like the jiaozi with beef stuffing?

5. 结账 *Paying the bill*

请   结账。

Qǐng   jiézhàng.

please to settle account

Please give us the bill.

你想吃什么?

Nǐ Xiǎng Chī Shénme?

What do you like to have /eat?

| 新 词 语 *New Words and Phrases* |

1. 饿	è	hungry
2. 了	le	a modal particle expressing an affirmative tone.
3. 吧	ba	a modal particle expressing a moderate tone (used chiefly in a question, a suggestion, etc.)
4. 菜	cài	dish (cooked vegetables, meat, etc.), vegetable

四川菜	Sìchuāncài	Sichuan cuisine
广东菜	Guǎngdōngcài	Guangdong cuisine
5. 饺子	jiǎozi	jiaozi, a typical northern food, like dumplings with vegetable and/or meat stuffing
6. 牛肉	niúròu	beef
牛	niú	cattle
肉	ròu	meat
7. 好吃	hǎochī	delicious
8. 尝	cháng	to try, to taste
9. 困	kùn	sleepy

专　名　*Proper names*

1. 四川	Sìchuān	Sichuan, a province of China
2. 广东	Guǎngdōng	Guangdong, a province of China

课　文　*Text*

我们现在学习吃的东西。还学习怎么样用比较委婉的方式表达意见、征得对方同意。

We'll learn some expressions about meals. How to express one's opinion or ask for an opinion in a moderate tone.

（方雪芹和李文龙从美术馆出来,李文龙摸摸肚子,他饿了。）

(Fang Xueqin and Li Wenlong come out of the gallery. Feeling hungry, Li touches his stomach.)

李文龙:	我 饿 了。
	Wǒ è le.
Li:	I'm hungry.
方雪芹:	去 吃 饭 吧。
	Qù chī fàn ba.
Fang:	Let's go and have dinner.

171

李文龙:	好。你想吃什么，四川菜还是广东菜？
	Hǎo. nǐ xiǎng chī shénme, Sìchuāncài háishi Guǎngdōngcài?
Li:	Good. What would you like to have, Sichuan or Guangdong food?
方雪芹:	我都不想吃。
	Wǒ dōu bù xiǎng chī.
Fang:	Neither.
李文龙:	你想吃什么？
	Nǐ xiǎng chī shénme?
Li:	What would you like, then?
方雪芹:	饺子,我想吃牛肉饺子。
	Jiǎozi, wǒ xiǎng chī niúròu Jiǎozi.
Fang:	Jiaozi, I want to have jiaozi with beef stuffing.
李文龙:	牛肉饺子好吃吗？
	Niúròu jiǎozi hǎo chī ma?
Li:	Is it good?
方雪芹:	挺好吃的,去尝尝吧。
	Tǐng hǎo chī de, qù chángchang ba.
Fang:	It's quite good. Come and try it.
李文龙:	好，走吧。
	Hǎo, zǒu ba.
Li:	OK. Let's go.

注 释 Notes

1. "句子＋了"表示肯定的语气 Le in a statement gives an affirmative tone

我饿了。

Wǒ è le.

I am hungry now.

[handwritten annotations: emphatic here, it's strong, like I'm doing/still it.]

在这里，"句子＋了"中的"了"表示一种肯定的语气，肯定事态的变化或活动已经完成。

Here Le in a statement expresses a tone to affirm a change or completion of an action.

172

(1) 我 饿 了。

Wǒ è le.

I am hungry now.

（He was not hungry just before, but he is hungry now.）

(2) 她们 吃 饭 了。

Tāmen chī fàn le.

They have had their meal.

（They had not had their meal just before, but they have finished their meal now.）

(3) 我 知道 了。

Wǒ zhīdao le.

I know it.

（I did not know, but now I know.）

(4) 小 王 是 我 的 朋友 了。

Xiǎo Wáng shì wǒ de péngyou le.

Xiao Wang has become my friend now.

（He was not my friend, but now he has become one.）

2. 表示建议语气的"吧"　　Ba expressing a tone of suggestion

去 吃 饭 吧。 *always low + soft*

Qù chī fàn ba.

Let's go and have dinner.

在这里，"吧"用在句子的末尾，表示建议。

Ba is used at the end of a sentence to indicate a suggestion.

(1) 甲: 星期六 一起 去 吃饭 吧。

Xīngqīliù yìqǐ qù chī fàn ba.

Let's have dinner together on Saturday.

乙: 好 的。

Hǎo de.

Fine.

(2) 甲: 请 喝 茶 吧。

Qǐng hē chá ba.

Please have some tea.

乙: 好, 谢谢。

Hǎo, xièxie.

That's fine, thanks.

(3) 甲: 六 点 十 分 我 去 接 你 吧。

Liù diǎn shí fēn wǒ qù jiē nǐ ba.

I'll go and meet you at ten past six, OK?

乙: 好 的。

Hǎo de.

Good.

3. 中国菜的菜系　Styles of Chinese food

你 想 吃 什么,四川菜 还是 广东菜?

Nǐ xiǎng chī shénme, Sìchuāncài háishi Guǎngdōngcài?

What would you like to have, Sichuan or Guangdong food?

中国有四个主要菜系——四川菜 Sìchuāncài、广东菜 Guǎngdōngcài、山东菜 Shāndōngcài、淮扬菜 Huáiyángcài,代表中国饮食的四种大的风味类型。

There are four major styles of Chinese food—Sichuan, Guangdong, Shandong and Huaiyang cuisines.

4. 关于"饺子"　A word about Jiaozi

我 想 吃牛肉 饺子。

Wǒ xiǎng chī niúròu jiǎozi.

I'd like to have jiaozi with beef stuffing.

饺子是一种中国人很喜欢吃的面食。把肉和菜切碎后,与调料拌在一起,做成"饺子馅",把面和起来做成"饺子皮",用皮包起馅来,就成了饺子。饺子的口味变化主要在馅上,放进不同的肉和蔬菜,就成了不同的馅,例如:牛肉饺子。

Jiaozi is one of Chinese favorite foods. The stuffing is made with mincemeat and chopped vegetables mixed well with spices. Jiaozi is made by wrapping the stuffing into the wheat flour wrap. There are different flavors which depend on the different stuffings, e. g. jiaozi with beef stuffing.

5. "好+动词"　The construction "hǎo + verb"

牛肉 饺子好吃 吗?

Niúròu jiǎozi hǎochī ma?

Are jiaozi with beef stuffing delicious?

"好+动词"→"好吃/好喝/好看/好听"分别表示:

"hǎochī/hǎohē/hǎokàn/hǎotīng" in the phrase "hǎo + verb" means:

174

(handwritten top margin: hǎo tīng a.)

好 吃
- hǎochī

It tastes very good, delicious.

好 喝
- hǎo hē

It is nice to drink.

好 看
- hǎokàn

It looks beautiful, good-looking.

好 听
- hǎo tīng

It sounds pleasant.

(handwritten right margin: hǎo Xiāng good smell or perfume e.s. / hǎo wén P. 384 duct.)

在这儿的动词仅限于几个单音节的、表示感觉的动词。

Note that only a few one-syllable verbs of feeling are suitable to this phrase.

(1) 甲：饺子 好吃 不 好吃？

　　　Jiǎozi hǎochī bù hǎochī?

　　　Are jiaozi delicious or not?

乙：饺子 很 好吃。

　　Jiǎozi hěn hǎochī.

　　Jiaozi are very delicious.

(2) 甲：这个 茶 好喝 不 好喝？

　　　Zhège chá hǎohē bù hǎohē?

　　　Does this tea taste good?

乙：挺 好喝 的。

　　Tǐng hǎohē de.

　　Quite good.

练 习　*Exercises*

一、用所给的词模仿造句：

Make sentences based on the examples:

例1　*Example 1*：

句子 ＋ 了

Statement + le

我 饿 了，我 想 吃 饭。
Wǒ è le, wǒ xiǎng chī fàn.

(1) 渴 *(handwritten: thirsty)*

　　kě

　　_____。

(2) 累

　　lèi

　　_____。

(3) 困

　　kùn （sleepy）

　　_____。

例2　*Example 2*：

好 ＋动词

hǎo + verb

牛肉 饺子 挺 好吃 的。
Niúròu jiǎozi tǐng hǎochī de.

(1) 广东菜

　　_____。

(2) 咖啡

　　_____。

(3) 裙子

　　_____。

175

二、练习说下边的句子：

Practice the following sentences:

(1) 你 饿 不 饿？
　　Nǐ è bú è?

(2) 我 饿 了。
　　Wǒ è le.

(3) 去 吃 饭 吧。
　　Qù chī fàn ba.

(4) 去 尝尝 牛肉 饺子吧。
　　Qù chángchang niúròu jiǎozi ba.

(5) 你 想 吃什么，四川菜 还是 广东菜？
　　Nǐ xiǎng chī shénme, Sìchuāncài háishi Guǎngdōngcài?

(6) 四川菜 和 广东菜 我 都 不 想 吃。
　　Sìchuāncài hé Guǎngdōngcài wǒ dōu bù xiǎng chī.

(7) 你 想 吃 什么？
　　Nǐ xiǎng chī shénme?

(8) 我 想 吃牛肉 饺子。
　　Wǒ xiǎng chī niúròu jiǎozi.

(9) 牛肉 饺子 好吃 吗？
　　Niúròu jiǎozi hǎochī ma?

(10) 牛肉 饺子 挺 好吃 的。
　　Niúròu jiǎozi tǐng hǎochī de.

写汉字 **Writing Demonstration**

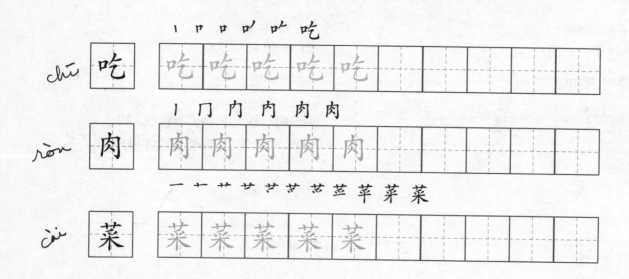

176

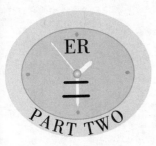

请结账
Qǐng Jiézhàng

Please give us the bill

新 词 语 *New Words and Phrases*

1.	能	néng	can, be able to
2.	两	liǎng	liang, a Chinese measure of weight, equal to 1/10 jin or 50 grams
3.	矿泉水	kuàngquánshuǐ	mineral water
4.	瓶	píng	bottle
5.	啤酒	píjiǔ	beer
6.	觉得	juéde	to feel, to think
7.	怎么样	zěnmeyàng	how
8.	不错	búcuò	quite good
9.	结账	jiézhàng	to pay the bill

课 文 *Text*

到了饭馆怎样告诉服务员要吃什么、喝什么呢?

How do you order food or drinks in a restaurant?

(方雪芹和李文龙走进一家饭馆,就座后,服务员请他们点菜)

(Fang Xueqin and Li Wenlong have entered a restaurant and are seated at the table. A waitress comes over and asks them to order.)

李文龙:	你 能 吃 几 两 饺子?
	Nǐ néng chī jǐ liǎng jiǎozi?
Li:	How many liang of jiaozi do you want?

wǒ yào yì píng

方雪芹：　我　能　吃　三　两。

Wǒ néng chī sān liǎng.

Fang:　Three liang.

李文龙：　我　吃　半　斤。（对服务员）八　两　牛肉　饺子。

Wǒ chī bàn jīn. *yào*　　　Bā liǎng niúròu jiǎozi.

Li:　I'll have half jin (five liang). (To the waitress) Eight liang of jiaozi with beef stuffing.

李文龙：　（转向方雪芹）你　想　喝　什么？

Nǐ xiǎng hē shénme?

Li:　(Turns to Fang) What would you like to drink?

方雪芹：　我　喝　矿泉水。

Wǒ hē kuàngquánshuǐ.

Fang:　Mineral water.

李文龙：　（对服务员）一　瓶　矿泉水，一　瓶　啤酒。

Yì píng kuàngquánshuǐ, yì píng píjiǔ.

Li:　(To the waitress) A bottle of mineral water and a bottle of beer.

（快吃完的时候）

(When they are about to finish)

方雪芹：　你　觉得　牛肉　饺子　怎么样？

Nǐ juéde niúròu jiǎozi zěnmeyàng?

Fang:　What do you think of the jiaozi with beef stuffing?

李文龙：　不错，挺　好吃　的。

Búcuò, tǐng hǎochī de.

Li:　Quite good.　Delicious.

方雪芹：　结账　吧。

Jiézhàng ba.

Fang:　Let's pay the bill.

李文龙：　好。（对服务员）小姐，请　结账。

Hǎo.　　　Xiǎojiě, qǐng jiézhàng.

Li:　OK. (To the waitress) Miss, please give us the bill.

178

李、方：	谢 谢！
	Xièxie!
Li and Fang:	Thanks.

注 释 *Notes*

1. 能愿动词"能" The potential verb néng

你 能 吃 几 两 饺子？

Nǐ néng chī jǐ liǎng jiǎozi?

"能"表示具备某种能力做某事。用在动词前边。否定用"不能"。

Used before a verb, néng means "to be able to do something". The negative form is bù néng.

(1) 甲：星期五 晚上 有 个 聚会，你 能 去 吗？

Xīngqīwǔ wǎnshang yǒu gè jùhuì, nǐ néng qù ma?

There is a party on Friday evening. Can you come?

乙：我 不 能 去。我 得 上 课。

Wǒ bù néng qù. Wǒ děi shàng kè.

I can't. I must go to class.

(2) 甲：请 喝 啤酒。

Qǐng hē píjiǔ.

Please have some beer.

乙：对不起,我 不 能 喝 啤酒。

Duìbuqǐ, wǒ bù néng hē píjiǔ.

Sorry, but I don't drink beer.

2. 量词"两" The measure word liǎng

你 能 吃 几 两 饺子？

Nǐ néng chī jǐ liǎng jiǎozi?

"两"是表示重量的单位。1两＝50 g。在饭馆里饺子、米饭、面条等常用"两"作为单位。

Liǎng is a Chinese unit of weight. 1 Liǎng ＝ 50 grams. At a restaurant, food like jiaozi, rice, noodles, etc. is measured in liang.

 3. 量词"瓶、杯" The measure words píng and bēi

> 一 瓶　矿泉水，一 瓶 啤酒。
> Yì píng kuàngquánshuǐ，yì píng píjiǔ.

"瓶"意思就是"a bottle of"。这是以容器来作量词。相类似的还有"杯，a cup of"。

Píng means"a bottle of"． In Chinese, nouns of containers can serve as measure words. Bēi(a cup of) is another example.

> 一 瓶 啤酒
> yì píng píjiǔ
> a bottle of beer

> 一 瓶 酸奶
> yì píng suānnǎi
> a bottle of yogurt

> 一 杯 咖啡
> yì bēi kāfēi
> a cup of coffee

> 一 杯 茶
> yì bēi chá
> a cup of tea

 4. 征询看法 Asking for an opinion

> 你 觉得 牛肉 饺子 怎么样?
> Nǐ juéde niúròu jiǎozi zěnmeyàng?

"觉得……怎么样?"用来询问对方对某人、某事、某物的看法、评价。例如：

"juéde…zěnmeyàng?"("What do you think of...?") is used to ask somebody for his/her opinion (comment) about a person or a thing.

(1)甲:你 觉得 你们 的 老师 怎么样?
　　Nǐ juéde nǐmen de lǎoshī zěnmeyàng?
　　What do you think of your teacher?

乙：我 觉得 他 很 好。

Wǒ juéde tā hěn hǎo.

I think he is very good.

(2) 甲：你 觉得 这 件 衣服 怎么样?

Nǐ juéde zhèi jiàn yīfu zěnmeyàng?

What do you think of this jacket?

乙：挺 好看 的。

Tǐng hǎokàn de.

It's quite nice.

(3) 甲：你 觉得 这个 公司 怎么样?

Nǐ juéde zhèige gōngsī zěnmeyàng?

What do you think of this company?

乙：我 觉得 挺 不错 的。

Wǒ juéde tǐng búcuò de.

I think it's quite good.

5. 在饭馆结账 Paying the bill in a restaurant

小姐，请 结账。

Xiǎojiě, qǐng jiézhàng.

吃完饭要结账的时候就说"请结账。"和西方的习惯不同,中国人吃饭之前一般不明确谁付账,而是在吃完饭以后抢着付账。而且,几个朋友或同事在一起吃饭,不管是有意聚在一起还是无意碰在一起,一般都不会各付各的账,常常也是抢着付账。

Unlike people in the West, Chinese will vie with each other to pay the bill after a meal in a restaurant. Before going to the restaurant, they will not decide who will pay. Moreover, when they eat together in a restaurant, by appointment or not with friends or colleagues will usually try to pay the bill and will not go Dutch.

甲：小姐，请 结账。

Xiǎojiě, qǐng jiézhàng.

Miss, please give us the bill.

甲：不用 你 结账，我 结账。

Búyòng nǐ jiézhàng, wǒ jiézhàng.

You don't pay the bill, I'll pay it.

乙：我 结账 吧。

Wǒ jiézhàng ba.

Let me pay the bill.

练 习 *Exercises*

一、用量词说下边图画的内容：

Describe each picture, using a measure word:

yì bēi jiǔ

啤酒
Beer

píjiǔ

(1)

bā píng

(2)

suān nǎi

?

(3)

wǔ bēi chá

(4)

lěng yǐn

?

(5)

sì píng kuàngquán shuǐ

(6)

jiǎozi

(7)

mǐfàn hé kuàizi

(8)

二、练习说下边的句子：

Practice the following sentences:

(1) 你 能 吃 几 两 饺子？
　　Nǐ néng chī jǐ liǎng jiǎozi?

(2) 我 能 吃 三 两 饺子。
　　Wǒ néng chī sān liǎng jiǎozi.

(3) 我 能 吃 半 斤 饺子。
　　Wǒ néng chī bàn jīn jiǎozi.

(4) 你 想 喝 什么？
　　Nǐ xiǎng hē shénme?

(5) 我 想 喝 一瓶 矿泉水。
　　Wǒ xiǎng hē yì píng kuàngquánshuǐ.

(6) 我 想 喝 一瓶 啤酒。
　　Wǒ xiǎng hē yì píng píjiǔ.

(7) 你 觉得 牛肉 饺子 怎么样？
　　Nǐ juéde niúròu jiǎozi zěnmeyàng?

(8) 我 觉得 牛肉 饺子 不错。
　　Wǒ juéde niúròu jiǎozi búcuò.

(9) 我 觉得 牛肉 饺子 挺 好吃 的。   (10) 小姐，请 结 账。
Wǒ juéde niúròu jiǎozi tǐng hǎochī de.   Xiǎojiě, qǐng jiézhàng.

写 汉 字 *Writing Demonstration*

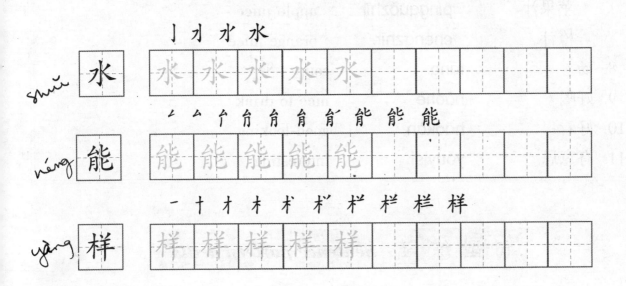

丨 丬 水 水

shuǐ 水 | 水 | 水 | 水 | 水 | 水 |

ㄑ ㄙ 亻 亽 育 育 育 能 能 能

néng 能 | 能 | 能 | 能 | 能 | 能 |

一 十 才 木 术 栏 栏 栏 栏 栏 样

yàng 样 | 样 | 样 | 样 | 样 | 样 |

SAN
三
PART THREE

你觉得那个电影怎么样?
Nǐ Juéde Nèige Diànyǐng Zěnmeyàng?
What do you think of the film?

新 词 语 *New Words and Phrases*

1. 面条	**miàntiáo**	noodles
2. 炒饭	**chǎofàn**	fried rice
3. 鸡蛋	**jīdàn**	hen egg
鸡	**jī**	hen, rooster or chicken
4. 米饭	**mǐfàn**	cooked rice
5. 羊肉	**yángròu**	mutton
羊	**yáng**	sheep

6. 酒	jiǔ	wine, any drink with alcohol	
白酒	báijiǔ	Chinese spirit	
葡萄酒	pútaojiǔ	grape wine	
7. 果汁	guǒzhīr	fruit juice	
苹果汁	píngguǒzhīr	apple juice	
橙汁	chéngzhīr	orange juice	
8. 汤	tāng	soup	
9. 好喝	hǎohē	nice to drink	
10. 好看	hǎokàn	good-looking	
11. 有意思	yǒuyìsi	interesting	

句型练习 *Sentence pattern drills*

一、根据对话回答问题：

Answer the questions on the following dialogues:

你 想 吃 什么?
Nǐ xiǎng chī shénme?

例 *Example*：

甲：你 想 吃 什么?　　乙：我 想 吃 面条，牛肉 面。
Nǐ xiǎng chī shénme?　　Wǒ xiǎng chī miàntiáo, niúròumiàn.

问：他 想 吃 什么?　　学生：他 想 吃 牛肉 面。
Tā xiǎng chī shénme?　　Tā xiǎng chī niúròumiàn.

(1) 甲：你 也 想 吃 牛肉面 吗?
　　Nǐ yě xiǎng chī niúròumiàn ma?

　乙：不。我 想 吃 炒饭，鸡蛋 炒饭。
　　Bù. Wǒ xiǎng chī chǎofàn, jīdàn chǎofàn.

　问：她 想 吃 什么?
　　Tā xiǎng chī shénme?

学生：她_____。

184

(2) 甲：你 想 吃 米饭 还是 面条?
　　　　Nǐ xiǎng chī mǐfàn háishi miàntiáo?

　　乙：我 都 不 想 吃。
　　　　Wǒ dōu bù xiǎng chī.

　　甲：你 想 吃 什么?
　　　　Nǐ xiǎng chī shénme?

　　乙：我 想 吃 羊肉 饺子。
　　　　Wǒ xiǎng chī yángròu jiǎozi.

　　问：她 想 吃 什么?
　　　　Tā xiǎng chī shénme?

　学生：她_____。

(3) 甲：你 想 吃 什么?
　　　　Nǐ xiǎng chī shénme?

　　乙：牛肉面、 羊肉 饺子、鸡蛋 炒饭 我 都 想 吃。
　　　　Niúròumiàn、yángròu jiǎozi、jīdàn chǎofàn wǒ dōu xiǎng chī.

　　问：他 想 吃 什么?
　　　　Tā xiǎng chī shénme?

　学生： _____、_____、_____。

二、根据对话回答问题:
Answer the questions on the following dialogues:

你 想 喝 什么?
Nǐ xiǎng hē shénme?

例 *Example*:

甲：你 想 喝 什么?　　　　乙：我 想 喝 酒。
　　Nǐ xiǎng hē shénme?　　　　Wǒ xiǎng hē jiǔ.

问：他 想 喝 什么?　　　　学生：他 想 喝 酒。
　　Tā xiǎng hē shénme?　　　　Tā xiǎng hē jiǔ.

(1) 甲：你 想 喝 什么 酒，啤酒 还是 白酒？
　　　Nǐ xiǎng hē shénme jiǔ, píjiǔ háishi báijiǔ?
　　乙：我 想 喝 葡萄酒。
　　　Wǒ xiǎng hē pútaojiǔ.
　　问：他 想 喝 什么 酒？
　　　Tā xiǎng hē shénme jiǔ?
　　学生：_____。

(2) 甲：你 想 喝 什么？
　　　Nǐ xiǎng hē shénme?
　　乙：我 想 喝 果汁。
　　　Wǒ xiǎng hē guǒzhīr.
　　问：她 想 喝 什么？
　　　Tā xiǎng hē shénme?
　　学生：_____。

(3) 甲：你 想 喝 什么 果汁儿，橙汁 还是 苹果汁儿？
　　　Nǐ xiǎng hē shénme guǒzhīr, chéngzhīr háishi píngguǒzhīr?
　　乙：我 想 喝 橙汁儿。
　　　Wǒ xiǎng hē chéngzhīr.
　　问：她 想 喝 什么 果汁儿？
　　　Tā xiǎng hē shénme guǒzhīr?
　　学生：_____。

(4) 甲：你 想 喝 什么，酒还是 果汁儿？
　　　Nǐ xiǎng hē shénme, jiǔ háishi guǒzhīr?
　　乙：我 都 不 想 喝，我 想 喝 汤。
　　　Wǒ dōu bù xiǎng hē, wǒ xiǎng hē tāng.
　　问：她 想 喝 什么？
　　　Tā xiǎng hē shénme?
　　学生：_____。

三、根据对话用"觉得"回答问题：
Answer the questions on the following dialogues, using juéde:

你 觉得 牛肉 饺子 怎么样？　　　不错，挺 好吃 的。
Nǐ juéde niúròu jiǎozi zěnmeyàng?　　Búcuò, tǐng hǎochī de.

例 **Example**：

甲：你 觉得 鸡蛋 炒饭 怎么样？　乙：我 觉得 挺 好吃 的。
Nǐ juéde jīdàn chǎofàn zěnmeyàng?　　Wǒ juéde tǐng hǎochī de.

问：他 觉得 鸡蛋 炒饭 怎么样？学生：他 觉得 挺 好吃 的。
Tā juéde jīdàn chǎofàn zěnmeyàng?　　Tā juéde tǐng hǎochī de.

(1) 甲：你 觉得 白酒 怎么样？
   Nǐ juéde báijiǔ zěnmeyàng?

   乙：不 好喝。
   Bù hǎohē.

   问：她 觉得 白酒 怎么样？
   Tā juéde báijiǔ zěnmeyàng?

   学生：_____。

(2) 甲：你 觉得 那个 电影 怎么样？
   Nǐ juéde nèige diànyǐng zěnmeyàng?

   乙：我 觉得 那个 电影 很 有意思。
   Wǒ juéde nèige diànyǐng hěn yǒu yìsi.

   问：他 觉得 那个 电影 怎么样？
   Tā juéde nèige diànyǐng zěnmeyàng?

   学生：_____。

(3) 甲：你 觉得 这 条 裙子 怎么样？
   Nǐ juéde zhèi tiáo qúnzi zěnmeyàng?

   乙：我 觉得 很 好看。
   Wǒ juéde hěn hǎokàn.

   问：她 觉得 那 条 裙子 怎么样？
   Tā juéde nèi tiáo qúnzi zěnmeyàng?

   学生：_____。

综合练习 Comprehensive exercises

一、完成对话：

Complete the following dialogues:

A: 我 饿了，你 呢？
   Wǒ è le, nǐ ne?

B: 我 也_____。
   Wǒ yě_____.

A: 一起_____吧。
   Yìqǐ _____ba.

B: 好 吧。我 想_____。你_____？
   hǎo ba. Wǒ xiǎng_____ . Nǐ_____?

A: 我 想 吃 饺子。
   Wǒ xiǎng chī jiǎozi.

A: _____？（在饭馆 In the restaurant）

B: 我 喝 啤酒。
   Wǒ hē píjiǔ.

A: 我 也_____。小姐，八 两_____，两_____ 啤酒。
   Wǒ yě _____. Xiǎojiě, bā liǎng_____, liǎng_____ píjiǔ. *liǎng ge píjiǔ or liǎng ge píng píjiǔ?*

187

二、用所给的词完成下面的一段话：

Complete the following passage with the given words:

吃 chī、想 xiǎng、饺子 jiǎozi、饿 è、能 néng、好吃 hǎochī

我_____了，_____饺子，我 觉得_____，我_____ 吃 四 两 饺子。

Wǒ è___ le, _____ jiǎozi, wǒ juéde_____ , wǒ_____chī sì liǎng jiǎozi.

三、请你说：

Speak on the following situations:

(1) 你想吃什么？

What do you like to eat?

(2) 你想喝什么？

What do you like to drink?

(3) 你觉得中国菜怎么样？

What do you think of Chinese food?

(4) （在饭馆）点饮料和饺子

Order a drink and jiaozi.

(5) 请服务员结账

Ask the waitress to give you the bill.

语 音 练 习 *Pronunciation drills*

1. 注意每组中相同的部分：

Pay attention to the common sounds:

c   yí cì – chī cài – bú cuò

uan   Sìchuān – kuàngquánshuǐ – yuǎn

uang qǐchuáng – Guǎngzhōu – kuàngquánshuǐ

2. 注意区别 z – c – s：

Differentiate z – c – s:

Hànzì – měi cì – sì máo

zuò fàn – bú cuò – cèsuǒ

zàijiàn – Sìchuān cài – bǐsài（比赛, competition）

Sìchuān cài búcuò.

Māma měi tiān dōu zuò Sìchuān cài.

3. 注意声调：

Tones

ˋ＋－：zhèxiē，nàxiē，kètīng，shàng bān

ˋ＋ˊ：liànxí，qùnián，miàntiáo

ˋ＋ˇ：Hànyǔ，Rìyǔ，Rìběn，Shànghǎi，shàngwǔ

ˋ＋ˋ：zuìjìn，fùjìn，xiànzài，Hànzì，zàijiàn

ˋ＋轻声（neutral tone）：xièxie，bàba，dìdi，zhàngfu

走 马 观 花 *A Glimpse of Modern Chinese Culture*

饭 馆

Restaurants

中国的饮食文化源远流长、博大精深。走在街上，可以去吃饭的地方实在是很多，它们的名称也是花样繁多。

"饭馆"、"餐厅"是最常用的称呼，这些地方一般营业面积不大，菜肴主要是家常菜。但是，它们的数量最多，解决"温饱问题"的话，去这些地方最实惠；

"饭庄"的规模比前两者要大一些，环境、菜肴的档次也比前两者高一些；

"酒家、酒楼"的名字里都有"酒"字，"酒"的意思是"liquor"，可是，这儿不是喝酒的地方，和"饭馆、餐厅、饭庄"一样，也是吃饭的地方；

"美食"意思是非常好吃的东西，这个"城"的意思是"city"，那"美食城"当然是好吃的东西又多地方又大的"restaurant"了。

Chinese food and drinks with their long history have profound and extensive cultural connotations. This can be seen in the various kinds of restaurants.

Normally restaurants are called Fànguǎn or Cāntīng; they are usually not large and offer everyday food. There are many of them and they are not expensive.

Fànzhuāng, another kind of restaurants, are larger and better than those just mentioned.

Then there are Jiǔjiā or Jiǔlóu and the word literally means wineshop, but that doesn't mean that they offer only wine. As a matter of fact, they are ordinary restaurants.

Měishíchéng literally means good food city and these restaurants are obviously very large and able to offer table delicacies.

写汉字 *Writing Demonstration*

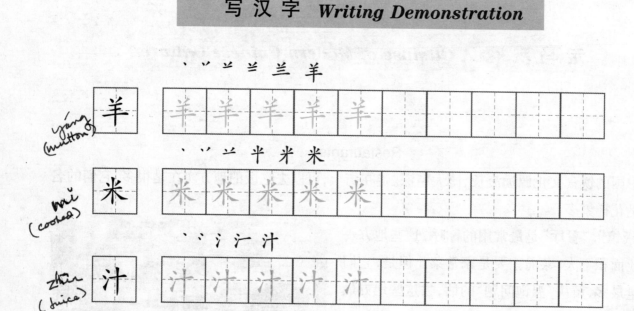

第十课
Dì - shí Kè

LESSON TEN

语用范例 *Examples of Usage*

1. 祝愿 *Expressing good wishes*

生 日 快乐!
Shēngrì kuàilè!
birthday happy
Happy birthday!

圣 诞 快乐!
Shèngdàn kuàilè!
Christmas happy
Merry Christmas!

2. 称赞 *Praising*

真 可爱!
Zhēn kě'ài!
really lovely
How lovely!

3. 询问喜好 *Asking about a hobby*

你 最 喜欢 什么 动物?
Nǐ zuì xǐhuan shénme dòngwù?
you most to like what animal
What pet do you like best?

191

4. 询问属相 *Asking which year of the zodiac one was born*

你 属 什么?
Nǐ shǔ shénme?
you to belong to what (year)
Which year of the zodiac were you born?

——我 属 兔。
——Wǒ shǔ tù.
——*I to belong to rabbit (year)*
——I was born in the year of rabbit.

YI
PART ONE

生日快乐!
Shēngrì Kuàilè!
Happy birthday!

新 词 语 *New Words and Phrases*

1.	快乐	kuàilè	happy
2.	新	xīn	new
3.	真	zhēn	really, truly
4.	可爱	kě'ài	lovely
5.	最	zuì	most
6.	喜欢	xǐhuan	to like, to be fond of
7.	动物	dòngwù	animal
8.	属	shǔ	to belong to, to be born in a year of the zodiac

9. 兔(子)	tù(zi)	rabbit
10. 当然	dāngrán	of course
11. 龙	lóng	dragon
12. 听	tīng	to listen to, to hear
13. 听见	tīngjiàn	to hear, to have heard

vb. suffix to indicate successful perception by the senses [handwritten note]

课　文　*Text*

当朋友过生日的时候,我们怎样向他/她表示祝贺? 看看方雪芹过生日的时候,李文龙怎样通过送礼物表达自己的感情?

How do you express good wishes to a friend on his/her birthday? Let us see how Li Wenlong expresses his feelings for Fang Xueqin through his present on her birthday.

(今天是方雪芹的生日,李文龙给了她一个特别的礼物。)

(Today is Fang Xueqin's birthday. Li Wenlong gives her a special present.)

李文龙: (递给方雪芹一束花) 生日 快乐!

　　　　Shēngrì kuàilè!

Li Wenlong: (Giving a bundle of flowers to Fang Xueqin) Happy Birthday!

方雪芹: 谢 谢!

　　　　Xièxie!

Fang: Thank you!

李文龙: (从身后拿出小兔子)给 你,一个 新　朋 友。

　　　　Gěi nǐ, yí gè xīn péngyou.

Li: (Bringing out a rabbit from behind him)Here you are. A new friend for you.

方雪芹: 真 可 爱!

　　　　Zhēn kě'ài!

Fang: How lovely it is!

李文龙: 你 最 喜欢 什么 动物?

　　　　Nǐ zuì xǐhuan shénme dòngwù?

Li: What pet do you like best?

193

方雪芹：　我 属兔，当然 最喜欢兔子。

　　　　　Wǒ shǔ tù, dāngrán zuì xǐhuan tùzi.

Fang:　　I was born in the year of rabbit. Of course I like the rabbit best.

李文龙：　你喜欢 龙 吗？

　　　　　Nǐ xǐhuan lóng ma?

Li:　　　Do you like dragon?

方雪芹：　(不好意思)　你 问 问 兔子 吧。

　　　　　　　　　　　Nǐ wènwen tùzi ba.

Fang:　　(Feeling shy) You may ask the rabbit.

李文龙：　小 兔子，你喜欢 不 喜欢 龙？ 你听，兔子 说："喜欢"。

　　　　　Xiǎo tùzi, nǐ xǐhuan bù xǐhuan lóng?　Nǐ tīng, tùzi shuō: "xǐhuan".

Li:　　　Bunny, do you like dragon? Listen, it said: "Yes! "

方雪芹：　(更不好意思了)我 没 听见。

　　　　　　　　　　　Wǒ méi tīngjiàn.

Fang:　　(Feeling shyer) I didn't hear.

jiàn, used as a suffix, indicate successful perception by the senses: Kàn, Tīng, wén (smell)

注　释　**Notes**

1. "最"的用法　The usage of zuì

你 最 喜欢 什么 动物？

Nǐ zuì xǐhuan shénme dòngwù?

"最"表示比较的最高级，意思相当于英语的 -est、most、mostly，用于修饰形容词和"喜欢、想"等动词，位置在被修饰的形容词或动词前面。例如：

Zuì premodifies adjectives and verbs like xǐhuan, xiǎng, etc. indicating the highest degree in comparison, equal to -est, most or mostly as used in English. For example:

(1) 最 好 ——谁 是 你 最好 的 朋友？

　　zuì hǎo——Shéi shì nǐ zuì hǎo de péngyou?

　　best——Who is your best friend?

194

(2) 最 大——那个 教室 最大。

zuì dà——Nèige jiàoshì zuì dà.

biggest——That classroom is the biggest.

(3) 最 贵——什么 水果 最贵?

zuì guì——Shénme shuǐguǒ zuì guì?

most expensive——What fruit is most expensive?

(4) 最 便宜——哪个 商店 的 东西最 便宜?

zuì piányi—— Něige shāngdiàn de dōngxi zuì piányi?

cheapest——Which shop is the cheapest?

(5) 最 有意思——你 觉得 什么 最有意思?

zuì yǒu yìsi—— Nǐ juéde shénme zuì yǒu yìsi?

most interesting——What do you think is the most interesting thing?

(6) 最 喜欢——你 最喜欢 吃 什么 水果?

zuì xǐhuan—— Nǐ zuì xǐhuan chī shénme shuǐguǒ?

to like best——What fruit do you like best?

(7) 最 想——你 最 想 去 哪儿?

zuì xiǎng——Nǐ zuì xiǎng qù nǎr?

to want most——Where do you most want to go?

2. 十二生肖 The 12 symbolic animals associated with the zodiac year cycle

> 我 属兔。
>
> Wǒ shǔ tù.

中国传统以天干和地支来纪年。人们用十二种动物代表十二地支来记人的出生年份,这十二种动物依次是:鼠、牛、虎、兔、龙、蛇、马、羊、猴、鸡、狗、猪,这就叫"十二生肖 shí'èr shēngxiào",也叫"十二属相 shí'èr shǔxiang"。方雪芹是 1975 年出生的,1975 年是兔年,所以她说:"我属兔。"

In China, we use 12 animals to symbolize the 12 zodiac year cycle which follows in this order: shǔ (rat), niú (ox), hǔ (tiger), tù (rabbit), lóng (dragon), shé (snake), mǎ (horse), yáng (sheep), hóu (monkey), jī (rooster), gǒu (dog), zhū (hog). Fang Xueqin was born in 1975 which was the year of rabbit, so she said: "Wǒ shǔ tù."

十 二 生 肖

鼠	shǔ	(rat)	(1948, 1960, 1972, 1984)
牛	niú	(ox)	(1949, 1961, 1973, 1985)
虎	hǔ	(tiger)	(1950, 1962, 1974, 1986)
兔	tù	(rabbit)	(1951, 1963, 1975, 1987)
龙	lóng	(dragon)	(1952, 1964, 1976, 1988)
蛇	shé	(snake)	(1953, 1965, 1977, 1989)
马	mǎ	(horse)	(1954, 1966, 1978, 1990)
羊	yáng	(sheep)	(1955, 1967, 1979, 1991)
猴	hóu	(monkey)	(1956, 1968, 1980, 1992)
鸡	jī	(rooster)	(1957, 1969, 1981, 1993)
狗	gǒu	(dog)	(1958, 1970, 1982, 1994)
猪	zhū	(hog)	(1959, 1971, 1983, 1995)

3. 生日礼物的选择 Choosing a birthday present

方雪芹属兔,自然喜欢兔子,所以李文龙选择兔子送给方雪芹作生日礼物。李文龙又趁机问方雪芹喜欢不喜欢龙,这是试探方雪芹是不是喜欢自己,因为他的名字中有一个"龙"字。"龙"是中国传说中一种高贵、吉祥的动物,也是十二生肖中的一个。

Li Wenlong chose a rabbit as a birthday present for Fang Xueqin, because she was born in the year of rabbit and she naturally likes the rabbit best. Li took this opportunity to ask Fang whether she liked the dragon. What he really means is to try to find out whether she likes him, because he has in his name the character lóng, which is a legendary animal symbolizing happiness and one of the 12 zodiac animals.

4. "没(有)+动词" The phrase "méi(yǒu) + verb"

我 没 听 见。
Wǒ méi tīngjiàn.

"没"可以否定"有",也可单独或与"有"一起放在动词前边,构成"没(有)+动词",表示动作尚未发生或尚未完成。例如：

Besides negating the verb yǒu, méi can also be used in the phrase méi(yǒu) + verb (here yǒu is optional) to indicate that the action expresssed by the verb has not yet taken place or been completed, for example:

(1) 今天 我 没 买 报纸。

Jīntiān wǒ méi mǎi bàozhǐ.

I didn't buy a newspaper today.

(2) 星期五 她 没 上课。

Xīngqīwǔ tā méi shàng kè.

She didn't come to class last Friday.

(3) 我 没 抽烟。这 不 是 我 的 烟。

Wǒ méi chōu yān. Zhè bú shì wǒ de yān.

I didn't smoke. This is not my cigarette.

5. 听见、看见 The phrasal verbs Tīngjiàn and Kànjiàn

> 我 没 听见。
>
> Wǒ méi tīngjiàn.

"听"相当于"to listen to, to hear"，"听见"相当于"to have heard, to hear"。例如：
Tīng means "to listen to" and sometimes "to hear" while tīngjiàn means "to have heard", sometimes simply "to hear". For example:

> 甲：你 听，你 能 听见 吗?
>
> Nǐ tīng, nǐ néng tīngjiàn ma?
>
> Listen, can you hear it?
>
> 乙：能 听见。
>
> Néng tīngjiàn.
>
> Yes, I can hear it.

同样，"看"相当于"to look at"，"看见"相当于"to have seen; to see"。例如：
Similarly, kàn means "to look at" and sometimes "to see" while kànjiàn means "to have seen", sometimes simply "to see". For example:

> 甲：你 看，那儿 有 一 个 人。
>
> Nǐ kàn, nàr yǒu yí gè rén.
>
> Look, over there is a man.
>
> 乙：我 看见 了。
>
> Wǒ kànjiàn le.
>
> Yes, I have seen him.

练 习 *Exercises*

一、把下边的句子翻译成汉语并比较"不"和"没"的用法：

Translate the following sentences into Chinese and compare the different uses of bù *and* méi.

(1) I am not tired.

wǒ bú lèi

(2) The jiaozi with beef sfuffing are not delicious.

niú ròn jiǎozi bu hǎochī.

(3) The cold drinks are inexpensive in this shop.

zhège shāngdiàn lěngyǐn bú guì.

(4) I don't like yoghurt.

wǒ bu xǐhuan suānnǎi.

(5) I didn't understand (what I heard).

wǒ bù dǒng.

(6) I didn't hear it clearly.

wǒ méi tīngjiàn

(7) I didn't see her.

wǒ méi (yǒu) kànjiàn tā.

二、练习说下面的句子：

Practice the following sentences:

(1) 生日 快乐！
Shēngrì kuàilè!

(2) 小 兔子真 可爱！
Xiǎo tùzi zhēn kě'ài!

(3) 你 最喜欢 什么 动物？
Nǐ zuì xǐhuan shénme dòngwù?

(4) 我 最喜欢 兔子。
Wǒ zuì xǐhuan tùzi.

(5) 小 兔子喜欢 不喜欢 龙？
Xiǎo tùzi xǐhuan bù xǐhuan lóng?

(6) 小 兔子 喜欢 龙。
Xiǎo tùzi   xǐhuan lóng.

(7) 你属 什么？
Nǐ shǔ shénme?

(8) 我 属 兔。
Wǒ shǔ tù.

198

(9) 你 属 龙 吗?

Nǐ shǔ lóng ma?

(10) 不,我 不 属 龙。

Bù,wǒ bù shǔ lóng.

(11) 你说 什么? 我 没 听见。

Nǐ shuō shénme? Wǒ méi tīngjiàn.

写汉字 *Writing Demonstration*

它很聪明

Tā Hěn Cōngming

It is clever

ER

二

PART TWO

新 词 语 *New Words and Phrases*

1. 它	tā	it
2. 聪明	cōngming	clever, intelligent
3. 洗澡	xǐzǎo	to take a bath
4. 总是	zǒngshì	always
5. 干净	gānjìng	clean

6. 习惯	xíguàn	habit, to be used to
7. 东西	dōngxi	thing
8. 蔬菜	shūcài	vegetables
9. 慢	màn	slow
10. 地	de	a structural particle used with an adverbial
11. 一边……一边	yìbiān…yìbiān	(to do something) while (doing something else)
12. 聊天儿	liáotiānr	to have a chat

课 文 Text

每个人都有各自不同的习惯。怎样谈论这些习惯呢？我们看看方雪芹、丁璐璐和李文龙是怎么说的。

Everybody has his/her own habits. How do we talk about a habit? Let's listen to Fang Xueqin, Dīng Lùlu and Lǐ Wénlóng.

（在方家，丁璐璐同时认识了两个朋友：李文龙和小兔子。）

(In Fang's home, Ding Lulu meets two friends: Li Wenlong and the bunny.)

方雪芹： 我 介绍一下,这是李 文龙，这 是 丁 璐璐。

Wǒ jièshào yíxià, zhè shì Lǐ Wénlóng, zhè shì Dīng Lùlu.

Fang: Let me introduce. This is Li Wenlong. This is Ding Lulu.

李文龙： 你 好!

Nǐ hǎo!

Li: How do you do!

丁璐璐： 你 好! (接过兔子)呀,可爱 的 小 兔子!

Nǐ hǎo! Yā, kě'ài de xiǎo tùzi!

Ding: How do you do! (Taking the bunny) Ah! What a lovely bunny!

李文龙： 它 也 很 聪明。它 喜欢 洗澡, 总是 很 干净。

Tā yě hěn cōngming. Tā xǐhuan xǐzǎo, zǒngshì hěn gānjìng.

Li: It is clever as well. It likes to take a bath, so it is always very clean.

200

丁璐璐： 这个习惯 真 不错。

Zhèige xíguàn zhēn búcuò.

Ding: It is a good habit.

方雪芹： 它喜欢 吃 什么 东西?

Tā xǐhuan chī shénme dōngxi?

Fang: What does it like to eat?

李文龙： 蔬菜。它 总是 慢慢 地吃。

Shūcài. Tā zǒngshì mànmàn de chī.

Li: Vegetables. It always eats slowly.

丁璐璐： 兔子每天 能 吃 很 多 蔬菜。

Tùzi měi tiān néng chī hěn duō shūcài.

Ding: The rabbit eats a lot of vegetables every day.

方 母： (在厨房里喊)雪芹,该 吃饭了。

Xuěqín, gāi chīfàn le.

Mother: (Calling from the kitchen) Xueqin, dinner is ready.

方雪芹： (答应)哎。走 吧,去 吃饭,一 边 吃饭,一 边 聊天儿。

Āi. Zǒu ba, qù chīfàn, yìbiān chīfàn, yìbiān liáotiānr.

Fang: (Calling back) Yes. Come on. We can talk while having dinner.

李文龙： 你 妈妈 也喜欢 小 动物 吗?

Nǐ māma yě xǐhuan xiǎo dòngwù ma?

Li: Is your mother fond of pets, too?

方雪芹： 喜欢。

Xǐhuan.

Fang: Yes, she is.

注 释 Notes

1. 总是 The adverb zǒngshì

它 喜欢 洗澡，总 是 很 干净。
Tā xǐhuan xǐzǎo, zǒngshì hěn gānjìng.

"总是"意思是："always"。例如：
Zǒngshì means "always". For example:

(1) 这个　商店　总 是 很 晚 开门。
Zhèige shāngdiàn zǒngshì hěn wǎn kāimén.

This shop always opens very late.

(2) 他 总 是 很 早 起 床。
Tā zǒngshì hěn zǎo qǐchuáng.

He always gets up early.

(3) 你 不 能　总 是 不 吃 饭。
Nǐ bù néng zǒngshì bù chīfàn.

You can't always keep yourself from eating.

(4) 她 的 衣服 总是 很 不 干净。
Tā de yīfu zǒngshì hěn bù gānjìng.

Her clothes are always dirty.

2. 形容词重叠　Reduplicated form of adjectives

它 总 是 慢 慢 地 吃。
Tā zǒngshì mànmàn de chī.

有些单音节形容词可以重叠，"慢慢地吃"中的"慢慢"就是形容词"慢"的重叠形式。形容词重叠用来修饰动词，强调动作的程度。无论这个形容词是什么声调，重叠部分一般都读第一声。动词前面的"地"可以省略。例如：

Some one-syllable adjectives can be reduplicated to emphasize the degree of an action, as in mànmàn, the reduplicated form of màn. In pronunciation, the reduplicated part is always read in the first tone. When this form is used to modify a verb, de is optional. For example:

(1) 我们 有 时间，你 慢 慢 （地）走。
Wǒmen yǒu shíjiān, nǐ mànmàn (de) zǒu.

We have plenty of time, so you can walk slowly.

(2) 你 得 好 好 （地）学习。
Nǐ děi hǎohǎo (de) xuéxí.

You must study hard.

(3) 他　总 是 早 早（地）起床。
Tā zǒngshì zǎozǎo (de) qǐchuáng.

He always gets up very early.

有些双音节形容词也可以重叠。不过，双音节形容词的重叠形式和动词不同，动词重叠形

式是:ABAB,例如:练习练习 liànxí liànxí。而双音节形容词的重叠形式是:AABB,例如:

Two – syllable adjectives can also be reduplicated, but the reduplication is different from that of the verb in form, with formula of the latter being ABAB like Liànxí-liànxí, whereas in the former the formula is AABB, for example:

(1) 干 干 净 净——她 的 衣服 总 是 干 干 净 净 的。

gāngān-jìngjìng——Tā de yīfu zǒngshì gāngān-jìngjìng de.

Very clean——Her clothes are always very clean.

(2) 快 快 乐 乐——我 小 女 儿 快 快 乐 乐 地 去 上 课。

kuàikuài-lèlè——Wǒ xiǎo nǚ'ér kuàikuài-lèlè de qù shàngkè.

Very happy——My daughter goes to school very happily.

3. "地"作结构助词 De as a structural particle

它 总是 慢慢 地 吃。

Tā zǒngshì mànmàn de chī.

"地"可以用在动词前面,表示它前面的成分是动词的修饰语。这时"地"读作"de"。在一定的条件下,"地"可以不说。例如:

De is a marker of the adverbial modifier of verbs. In some cases, de can be omitted. For example:

(1) 它 总是 慢慢 吃。

Tā zǒngshì mànmàn chī.

It always eats slowly.

(2) 你得 好好 （地）学习。

Nǐ děi hǎohǎo （de） xuéxí.

You must study hard.

(3) 明天 我 得 早早 （地）起床。

Míngtiān wǒ děi zǎozǎo （de） qǐchuáng.

Tomorrow I must get up very early.

4. "一边……一边……" The construction Yìbiān…yìbiān…

一边 吃饭,一边 聊天儿。

Yìbiān chīfàn, yìbiān liáotiānr.

"一边……一边……"表示同时作两件事,相当于英语的"… while …",例如:

The construction "yìbiān…, yìbiān…" is used when two things are being done at the same time. For example:

(1) 他 一 边 看 报,一 边 喝 茶。

   Tā yìbiān kàn bào, yìbiān hē chá.

   He is reading a newspaper while having tea.

(2) 我 一 边 做 饭,一 边 听 英 语。

   Wǒ yìbiān zuò fàn, yì biān tīng Yīngyǔ.

   I am cooking while listening to the English broadcast.

(3) 一 边 走 一 边 看 书 不 是 好 习 惯。

   Yìbiān zǒu yìbiān kàn shū bú shì hǎo xíguàn.

   It is not a good habit to read while walking.

练 习 *Exercises*

一、把下面的句子翻译成汉语并比较汉语和英语的结构有什么不同:

Translate the following sentences into Chinese, trying to find the differences between Chinese and English structures:

(1) He is reading the newspaper while smoking.

   Tā yìbiān kàn bào, yìbiān chōuyān.

(2) She is having her dinner while reading the book.

   Tā yìbiān chīfàn yìbiān kàn shū.

(3) I am speaking while writing.

   Wǒ yìbiān shuō yìbiān xiě。

二、练习说下面的句子:

Practice the following sentences:

(1) 小 兔 子 真 可 爱。
   Xiǎo tùzi zhēn kě'ài.

(2) 小 兔 子 真 聪 明。
   Xiǎo tùzi zhēn cōngming.

(3) 它的习惯 真 不错。
Tā de xíguàn zhēn búcuò.

(4) 它喜欢 洗澡，总 是 很 干净。
Tā xǐhuan xǐzǎo, zǒngshì hěn gānjìng.

(5) 它 喜欢 吃 什么 东西？
Tā xǐhuan chī shénme dōngxi?

(6) 它喜欢 吃蔬菜。
Tā xǐhuan chī shūcài.

(7) 它 总是 慢慢 地吃蔬菜。
Tā zǒngshì mànmàn de chī shūcài.

(8) 它每天 能 吃很多蔬菜。
Tā měi tiān néng chī hěn duō shūcài.

(9) 我们 一边 吃 饭 一边 聊天儿。
Wǒmen yìbiān chī fàn yìbiān liáotiānr.

写汉字 *Writing Demonstration*

`、丷宀宀它`
它　它 它 它 它 它

`一 艹 东 东 东`
东　东 东 东 东 东

`一 厂 冂 丙 西 西`
西　西 西 西 西 西

你最喜欢什么？
Nǐ Zuì Xǐhuan Shénme?

What do you like best?

SAN
三
PART THREE

新 词 语 *New Words and Phrases*

1. 周末	zhōumò	weekend

2. 新年	xīnnián		New Year
3. 圣诞(节)	shèngdàn (jié)		Christmas
4. 芹菜	qíncài		celery
5. 胡萝卜	húluóbo		carrot
6. 白菜	báicài		Chinese cabbage
7. 西红柿	xīhóngshì		tomato
8. 洋葱	yángcōng		onion
9. 脏	zāng		dirty
10. 作业	zuòyè		homework
11. 音乐	yīnyuè		music
12. 画	huà		to paint, to draw
13. 画儿	huàr		picture

句 型 练 习 *Sentence pattern drills*

一、请你回答大家的问候：

Answer the greetings:

生 日　快乐！
Shēngrì　kuàilè!

例 **Example**：

甲：周 末 快乐！　　大家：周 末 快乐！　　学生：周 末 快乐！
Zhōumò kuàilè!　　Zhōumò kuàilè!　　Zhōumò kuàilè!

(1) 甲： 圣诞 快乐！
　　Shèngdàn kuàilè!

　大家：_____快乐！
　　　　_____kuàilè!

　学生：_____!

(2) 甲： 新年 快乐！
　　Xīnnián kuàilè!

　大家：_____ 快乐！
　　　　_____ kuàilè!

　学生：_____ !

206

二、根据对话回答问题：

Answer the questions on the following dialogues:

你 最 喜欢 什么 动物?
Nǐ zuì xǐhuan shénme dòngwù?

例 *Example*：

甲:你 喜欢 吃 什么 蔬菜? 乙:我 喜欢 吃 白菜、芹菜、西红柿。
Nǐ xǐhuan chī shénme shūcài? Wǒ xǐhuan chī báicài、qíncài、xīhóngshì.

问:他 喜欢 吃 什么 蔬菜? 学生:他 喜欢 吃 白菜、芹菜、西红柿。
Tā xǐhuan chī shénme shūcài? Tā xǐhuan chī báicài、qíncài、xīhóngshì.

(1) 甲:你 最喜欢 吃 什么 蔬菜?　(2) 甲:你 喜欢 不喜欢 吃 胡萝卜?
　　　Nǐ zuì xǐhuan chī shénme shūcài?　　　　Nǐ xǐhuan bù xǐhuan chī húluóbo?

　　乙:我 最 喜欢 吃 芹菜。　　　　　乙:我 不 喜欢 吃 胡萝卜。
　　　Wǒ zuì xǐhuan chī qíncài.　　　　　Wǒ bù xǐhuan chī húluóbo.

　　问:她 最喜欢 吃 什么 蔬菜?　　　问:他 喜欢 不喜欢 吃 胡萝卜?
　　　Tā zuì xǐhuan chī shénme shūcài?　　　Tā xǐhuan bù xǐhuan chī húluóbo?

　　学生:＿＿＿＿＿＿＿＿＿＿＿＿。　学生:＿＿＿＿＿＿＿＿＿＿＿＿。

(3) 甲:你 最 不喜欢 吃 什么 蔬菜?
　　　Nǐ zuì bù xǐhuan chī shénme shūcài?

　　乙:我 最 不喜欢 吃 洋葱。
　　　Wǒ zuì bù xǐhuan chī yángcōng.

　　问:她 最 不喜欢 吃 什么 蔬菜?
　　　Tā zuì bù xǐhuan chī shénme shūcài?

　　学生:＿＿＿＿＿＿＿＿＿＿＿＿。

三、根据对话用"总是"回答问题：

Answer the question on each dialogue, using"zǒngshì"：

它 喜欢 洗澡,总是 很 干净。
Tā xǐhuan xǐzǎo, zǒngshì hěn gānjing.

例 *Example*：

甲:那个　商店 的 东西 总是 很 便宜。问:她 说 什么?
Nèige shāngdiàn de dōngxi zǒngshì hěn piányi.　　Tā shuō shénme?

学生:她 说 那个　商店 的 东西 总是 很 便宜。
Tā shuō nèige shāngdiàn de dōngxi zǒngshì hěn piányi.

(1) 甲:我们 的 办公室　总是 有 很 多 人。
Wǒmen de bàngōngshì zǒngshì yǒu hěn duō rén.
问:他 说 什么?
Tā shuō shénme?
学生:他 说＿＿＿＿＿＿＿＿＿＿＿＿＿＿＿＿。
Tā shuō＿＿＿＿＿＿＿＿＿＿＿＿＿＿＿＿.

(2) 甲:小 赵 的 衣服 总是 很 脏。
Xiǎo Zhào de yīfu zǒng shì hěn zāng.
问:她 说 什 么?
Tā shuō shénme?
学生:她 说＿＿＿＿＿＿＿＿＿＿＿＿＿。
Tā shuō＿＿＿＿＿＿＿＿＿＿＿＿＿.

(3) 甲:我 儿子 总是 喜欢 喝 冷饮。
Wǒ érzi zǒngshì xǐ huan hē lěngyǐn.　　cold drinks
问:他 说 什么?
Tā shuō shénme?
学生:他 说＿＿＿＿＿＿＿＿＿＿＿＿＿。
Tā shuō＿＿＿＿＿＿＿＿＿＿＿＿＿.

四、根据旁边所给的图画提示,用"一边……一边"完成句子:
Complete the following sentences as suggested by the pictures, using the construction Yìbiān…yìbiān…:

一边 吃 饭 一边 聊天儿。
Yìbiān chī fàn yìbiān liáotiānr.
Chatting while eating.

例 *Example*:

甲:我 一边　吃饭 一边 看　电视。
Wǒ yìbiān chīfàn yìbiān kàn diànshì.
TV

学生：他 一边 吃饭 一边 看 电视。
　　　Tā yìbiān chīfàn　yìbiān kàn diànshì.

(1) 甲：我 一边 看 报纸 一边 听音乐。
　　　Wǒ yìbiān kàn bàozhǐ yìbiān tīng yīnyuè. music

　　学生：他 ＿＿＿＿＿＿＿＿＿＿＿＿＿＿＿。
　　　　　Tā ＿＿＿＿＿＿＿＿＿＿＿＿＿＿＿.

(2) 甲：我 一边 画 画儿 一边 听 音乐。
　　　Wǒ yìbiān huà huàr yìbiān tīng yīnyuè.

　　学生：她＿＿＿＿＿＿＿＿＿＿＿＿＿。
　　　　　Tā ＿＿＿＿＿＿＿＿＿＿＿＿＿.

(3) 甲：我 一边 做 作业 一边 看 电视。
　　　Wǒ yìbiān zuò zuòyè yìbiān kàn diànshì.

　　学生：他＿＿＿＿homework＿＿＿＿＿＿TV＿＿＿。
　　　　　Tā ＿＿＿＿＿＿＿＿＿＿＿＿＿.

综合练习 Comprehensive exercises

一、完成对话：

Complete the following dialogues:

(1) A：你 属 什么？
　　　Nǐ shǔ shénme?

　　B：＿＿＿＿＿＿＿＿。

(2) A：你 最 喜欢 什么 动物？
　　　Nǐ zuì xǐhuan shénme dòngwù?

　　B：＿＿＿＿＿＿＿＿＿＿＿＿＿。

(3) A：我 总是 很 忙，你呢？
　　　Wǒ zǒngshì hěn máng, nǐ ne?

　　B：＿＿＿＿＿＿＿＿＿＿＿＿＿。

二、用所给的词完成下面的一段话：

Complete the passage with the words given.

马 mǎ, 属 shǔ, 最好 zuì hǎo, 可爱 kě'ài

我＿＿＿＿，当然 最喜欢＿＿＿。我 觉得＿＿＿＿，马 是 我＿＿＿＿。
Wǒ shǔ mǎ, dāngrán zuì xǐhuan mǎ. Wǒ juéde kě'ài, mǎ shì wǒ zuì hǎo de dōngwù.

209

三、请你问问你的朋友：他们属什么？ 他们最喜欢什么动物？

Ask your friends in what zodiac year they were born and what animal they like best.

语 音 练 习 *Pronunciation drills*

1. 注意每组中相同的部分：

   Pay attention to the common finals in each group.

   ü　Yīngyǔ – Hànyǔ – jùhuì – qù shàng kè

   üe　jǐ yuè – xué Hànyǔ – xuéxiào

2. 注意区别 z – zh、c – ch、s – sh：

   Differentiate z – zh、c – ch、s – sh:

   jiǎozi – bàozhǐ　zǒngshì – Zhōngguó

   duōshǎo cì – chīfàn

   sì yuè – wòshì　sān hào – shān（山，mountain）

   Zhè shì sì yuè sān hào de bàozhǐ.

3. 注意声调：

   Tones:

   （1）jīntiān – míngtiān – měi tiān – hòutiān

   　　jīnnián – míngnián – měi nián – hòunián

   （2）这是中国唐代诗人李白的一首诗，请你读一读。

   Read a poem by Li Bai, one of the most important poets of the Tang Dynasty.

   Jìng Yè Sī

   Lǐ Bái

   Chuáng qián míng yuèguāng,

   Yí shì dì shàng shuāng;

   Jǔ tóu wàng míngyuè,

   Dī tóu sī gùxiāng.

生 肖

The twelve zodiac animals

生肖既然是用来记人的出生年份的动物,那么这十二种动物就与人有着很密切的关系。人们用各种各样的方法来描绘、塑造这十二种动物,同时也赋予它们一定的性格特征,使它们拟人化,把它们的形象做在各种有纪念意义的东西上,或留给自己作纪念,或送给他人作生日礼物。生肖邮票,是这些纪念品中很有特色、流行较广,也极有收藏价值的品种之一。中国从 1980 年开始连续发行生肖邮票,至今已经在发行第二套了。来找找看,你的生肖是哪个? ——"你属什么? "

The twelve zodiac animals are used to designate the year that a person was born and they play an important role in people's lives. Chinese people depict these animals in many ways and their images are given certain characteristic and personalized features. Images of zodiac animals are found on souvenirs which people either keep or give to others as birthday presents. Zodiac animals stamps, a typical and a popular birthday gift, are worth collecting. China has been issuing zodiac animal stamps since 1980 and has distributed them ever since. A second set has been issued and is now being distributed. Could you find your zodiac animal? In what zodiac year were you born? Nǐ shǔ shénme?

写 汉 字 *Writing Demonstration*

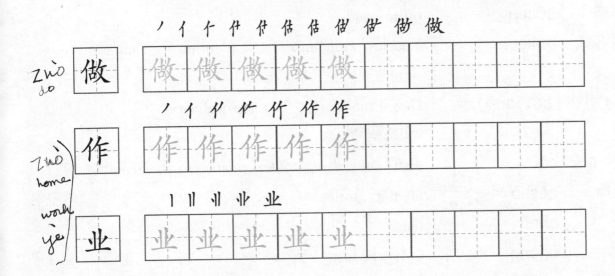

211

词 语 表 *Vocabulary*

B

吧	ba	a modal particle expressing a moderate tone (used chiefly in a question, a suggestion, etc.)	9. 1
爸爸	bàba	father	1. 3
白菜	báicài	Chinese cabbage	10. 3
白酒	báijiǔ	Chinese spirit	9. 3
半	bàn	half	5. 3
办公室	bàngōngshì	office	6. 2
报纸	bàozhǐ	newspaper	8. 1
北边	běibian	north	6. 1
本	běn	a measure word for books, notebooks, etc.	8. 3
笔	bǐ	writing instrument(like pen, pencil, etc.)	8. 3
冰激凌	bīngjilíng	ice cream	4. 3
伯父	bófù	uncle and a way of addressing a friend's father	3. 2
伯母	bómǔ	aunt and a way of addressing a friend's mother	3. 2
不	bù	no, not	3. 1
不错	búcuò	quite good	9. 2
不客气	búkèqi	You are welcome/Don't mention it/That's all right.	2. 2
不(用)谢	bú(yòng)xiè	Don't mention it. You are welcome	6. 2

C

菜	cài	dish(cooked vegetables, meat, etc.), vegetable	9. 1
厕所	cèsuǒ	lavatory, toilet	6. 2
茶	chá	tea	2. 2
尝	cháng	to try, to taste	9. 1
炒饭	chǎofàn	fried rice	9. 3
橙汁	chéngzhī(r)	orange juice	9. 3

橙子	chéngzi	orange	8.2
吃	chī	to eat	2.3
吃饭	chīfàn	to have a meal	2.3
抽	chōu	to inhale	2.3
抽烟	chōuyān	to smoke; to have a smoke	2.3
厨房	chúfáng	kitchen	3.3
穿	chuān	to put on, to wear	8.3
床	chuáng	bed	2.3
聪明	cōngming	clever, intelligent	10.2
次	cì	time(frequency)	7.2

D

答	dá	to answer, to respond	5.3
大	dà	big, large	1.2
大家	dàjiā	everybody	1.2
当然	dāngrán	of course	10.1
的	de	*a structural particle*	3.2
地	de	*a structural particle used with an adverbial*	10.2
得	děi	to have to (do something)	7.1
等	děng	to wait	2.1
弟弟	dìdi	younger brother	5.3
点	diǎn	o'clock	5.2
电话	diànhuà	telephone call; telephone set	5.1
电梯	diàntī	lift, elevator	6.2
电影	diànyǐng	movie, motion picture	8.3
东边	dōngbian	(in/to)the east	6.3
东西	dōngxi	thing	10.2
动物	dòngwù	animal	10.1
都	dōu	all	4.2
对	duì	right	7.3
对不起	duìbuqǐ	sorry	3.1

对面	duìmiàn	opposite side	6.2
多	duō	many, much	8.1
多长	duōcháng	how long	7.2
多少	duōshǎo	how many, how much	8.1

E

饿	è	hungry	9.1
儿子	érzi	son	1.3

F

饭	fàn	meal	2.3
分	fēn	minute	5.2
分	fēn	*a unit of Chinese money. 1 fen is 1 / 10 mao or 1% of a yuan*	8.1
份	fèn	*a measure word used with newspapers meaning "a copy" or "a kind"*	8.1
父	fù	father(written)	3.2
附近	fùjìn	near, in the vicinity of	6.1

G

该……了	gāi…le	It's time to(do something)	2.2
干净	gānjìng	clean	10.1
哥哥	gēge	elder brother	1.3
个	gè	*a measure word*	5.3
给	gěi	to give	8.2
公司	gōngsī	company, corporation	6.1
关门	guānmén	to close the door(of shops), to close after a day's business	5.3
广东菜	guǎngdōngcài	Guangdong cuisine	9.3
贵	guì	noble; respectful	2.1
贵姓	guìxìng	What is your (sur)name	2.1
贵	guì	expensive	8.2
国	guó	country	4.2

| 果汁 | guǒzhī(r) | fruit juice | 9. 3 |
| 过路人 | guòlùrén | passer-by | 3. 1 |

H

还是	háishi	or	4. 1
汉语	hànyǔ	the Chinese language	7. 3
汉字	hànzì	Chinese character	7. 3
好	hǎo	good, well	1. 1
好吃	hǎochī	delicious	9. 1
好的	hǎode	Good/Fine/All right.	5. 2
好喝	hǎohē	nice to drink	9. 3
好看	hǎokàn	good looking	9. 3
好吗	hǎo ma	Is it all right?	5. 2
号	hào	number; date	3. 1
喝	hē	to drink	2. 2
和	hé	and	1. 3
很	hěn	very	4. 1
后边	hòubian	behind, at the back of	6. 3
后年	hòunián	the year after next	8. 3
后天	hòutiān	the day after tomorrow	7. 3
胡萝卜	húluóbo	carrot	10. 3
画	huà	to paint, to draw	10. 3
画儿	huàr	picture	10. 3
欢迎	huānyíng	welcome	1. 1
会议室	huìyìshì	conference room	6. 2

J

鸡	jī	hen, rooster or chicken	9. 3
鸡蛋	jīdàn	hen egg	9. 3
几	jǐ	several; which	5. 2
家	jiā	home, family	1. 1
件	jiàn	*a measure word for clothes, matter, etc.*	8. 3
见面	jiànmiàn	to meet	5. 2

饺子	jiǎozi	jiaozi, a typical northern food, like dumplings with vegetable and meat stuffing	9.1
叫	jiào	to be called	1.1
教室	jiàoshì	classroom	8.3
接	jiē	to meet somebody and fetch him/her from his/her place, or at the airport, station, etc.	5.2
结账	jiézhàng	to pay the bill	9.2
姐姐	jiějie	elder sister	5.3
介绍	jièshào	to introduce, introduction	3.2
斤	jīn	Jin, a Chinese measure of weight. 1 jin = 0.5 kilogram	8.2
今年	jīnnián	this year	8.3
今天	jīntiān	today	5.1
进	jìn	to enter; to come/go in	2.1
近	jìn	near, close to	6.3
经理	jīnglǐ	manager	1.1
酒	jiǔ	wine, any drink with alcohol	9.3
就	jiù	just	6.2
旧	jiù	old, used	8.3
聚会	jùhuì	gathering, party	7.1
觉得	juéde	to feel, to think	9.2

K

咖啡	kāfēi	coffee	4.3
开门	kāimén	to open the door; (of shops) to start the day's business	5.3
看	kàn	to look, to see	6.1
渴	kě	thirsty	4.3
可爱	kě'ài	lovely	10.1
可乐	kělè	cola	4.1
刻	kè	quarter of an hour	5.3

客厅	kètīng	sitting room	3.3
口语	kǒuyǔ	oral language	7.1
裤子	kùzi	trousers	3.3
块(元)	kuài	a unit of Chinese money. I yuan is 10 mao or 100 fen	8.1
快乐	kuàilè	happy	10.1
矿泉水	kuàngquánshuǐ	mineral water	9.2
困	kùn	sleepy	9.1

L

来	lái	to come	7.3
老	lǎo	old	1.2
老师	lǎoshī	teacher	4.3
了	le	a modal particle expressing an affirmative tone.	9.1
累	lèi	tired	4.3
冷饮	lěngyǐn	cold drinks	4.3
离	lí	away from	6.1
练习	liànxí	exercise	7.1
两	liǎng	liang, a Chinese measure of weingt, equal to 1/10 jin or 50 grams	9.2
聊天儿	liáotiānr	to have a chat	10.2
龙	lóng	dragon	10.1
楼	lóu	building	3.1

M

吗	ma	an interrogative particle	3.1
妈妈	māma	mother	1.3
买	mǎi	to buy	8.1
卖	mài	to sell	8.1
慢	màn	slow	10.2
忙	máng	busy	4.1
芒果	mángguǒ	mango	8.3

毛(角)	máo	a unit of Chinese money. 1 mao is 10 fen	
		or 1/10 yuan	8.1
妹妹	mèimei	younger sister	1.3
没关系	méiguānxi	It doesn't matter.	3.1
没(有)	méi(yǒu)	to not have; there is/are not···	5.1
每	měi	every	7.2
们	men	*a plural suffix*	1.2
米饭	mǐfàn	cooked rice	9.3
秘书	mìshū	secretary	2.1
面条	miàntiáo	noodles	9.3
明年	míngnián	next year	8.3
明天	míngtiān	tomorrow	7.2
名字	míngzi	name	3.2
母	mǔ	mother(*written*)	1.3

N

哪	nǎ něi	which	4.2
那	nà	that	3.1
那些	nàxiē/nèixiē	those	3.3
南边	nánbian	(in/to)the south	6.3
男朋友	nánpéngyou	boyfriend	4.2
哪儿	nǎr	where	6.1
那儿	nàr	there	6.2
呢	ne	*an interrogative particle*	4.1
能	néng	can, be able to	9.2
你	nǐ	you	1.1
年	nián	year	8.3
您	nín	you(respectful form)	1.1
牛	niú	cattle	9.1
牛肉	niúròu	beef	9.1

| 女儿 | nǚ'ér | daughter | 1.3 |
| 女朋友 | nǚpéngyou | girlfriend | 4.2 |

P

旁边	pángbiān	beside, next to	6.2
陪	péi	to accompany, to go with	7.1
朋友	péngyou	friend	3.2
啤酒	píjiǔ	beer	9.2
便宜	piányi	cheap, inexpensive	8.3
票	piào	ticket	8.3
瓶	píng	bottle	9.2
苹果	píngguǒ	apple	8.2
苹果汁	píngguǒzhī(r)	apple juice	9.3
葡萄酒	pútaojiǔ	grape wine	9.3

Q

妻子	qīzi	wife	1.3
起床	qǐchuáng	to get up	2.3
钱	qián	money	8.1
前边	qiánbian	front, ahead	6.2
前年	qiánnián	the year before last	8.3
前天	qiántiān	the day before yesterday	7.3
芹菜	qíncài	celery	10.3
请	qǐng	please	2.1
请问	qǐngwèn	May I ask···? / Excuse me···	3.1
去	qù	to go to	5.2
去年	qùnián	~~next~~ *last* year	8.3
裙子	qúnzi	skirt	3.3

R

人	rén	person	4.2
日语	rìyǔ	the Japanese language	7.3
肉	ròu	meat	9.1

S

商店	shāngdiàn	shop	5.3
上(个星期)	shàng(gè xīngqī)	last(week)	7.3
上班	shàngbān	to go to work	2.3
上课	shàngkè	to go to class; to have a class	2.3
上午	shàngwǔ	morning	5.3
稍	shāo	slightly, for a while	2.1
稍等	shāoděng	to wait for a while	2.1
少	shǎo	few, little	8.1
谁	shéi/shuí	who; whom	4.2
什么	shénme	what	3.2
生日	shēngrì	birthday	8.3
圣诞(节)	shèngdàn(jié)	Christmas	10.3
时间	shíjiān	time	5.1
是	shì	to be	1.2
手	shǒu	hand	6.2
书	shū	book	3.3
蔬菜	shūcài	vegetables	10.2
书房	shūfáng	study	3.2
属	shǔ	to belong to, to be born in a year of the zodiac	10.1
水果	shuǐguǒ	fruit	2.3
睡觉	shuìjiào	to sleep; to go to bed	2.3
说	shuō	to say, to speak	7.3
四川菜	sàchuāncài	Sichuan cuisine	9.1
酸奶	suānnǎi	yogurt	4.3

T

她	tā	she, her	1.1
他	tā	he, him	1.2
它	tā	it	10.1

220

太……了	tài…le	It is too…	8.2
汤	tāng	soup	9.3
天	tiān	day	5.1
条	tiáo	*a measure word for trousers, skirt, etc.*	8.3
听	tīng	to listen to, to hear	10.1
听见	tīngjiàn	to hear, to have heard	10.1
挺……的	tǐng…de	quite(adj.)	6.1
同事	tóngshì	colleague	4.3
同学	tóngxué	classmate; school mate	4.3
兔(子)	tù(zi)	rabbit	10.1

W

外国	wàiguó	foreign country	7.2
外国人	wàiguórén	foreigner	7.2
晚饭	wǎnfàn	supper	5.3
晚上	wǎnshang	evening	5.1
喂	wéi	Hello!	5.1
为什么	wèishénme	why	8.2
卫生间	wèishēngjiān	bathroom/toilet	3.3
问	wèn	to ask	3.1
我	wǒ	I, me	1.1
卧室	wòshì	bedroom	3.2
午饭	wǔfàn	lunch	5.3

X

西边	xībian	(in/to)the west	6.3
习惯	xíguàn	habit, to be used to	10.2
西红柿	xīhóngshì	tomato	10.3
喜欢	xǐhuan	to like, to be fond of	10.1
洗	xǐ	to wash	6.2

洗手间	xǐshǒujiān	washroom, lavatory	6. 2
洗澡	xǐzǎo	to take a bath	10. 2
下(个星期)	xià(gè xīngqī)	next(week)	7. 3
下班	xiàbān	to finish work for the day; to leave the office	2. 3
下课	xiàkè	class is over	2. 3
下午	xiàwǔ	afternoon	5. 3
先生	xiānsheng	Mister; Mr.	2. 2
现在	xiànzài	now	6. 1
想	xiǎng	to want, to think	7. 1
小	xiǎo	young, little, small	1. 2
小姐	xiǎojiě	Miss	2. 1
小时	xiǎoshí	hour	7. 2
写	xiě	to write	7. 3
谢谢	xièxie	to thank; thanks	2. 2
新	xīn	new	10. 1
新年	xīnnián	New Year	10. 3
星期	xīngqī	week	7. 2
星期六	xīngqīliù	Saturday	7. 1
星期天	xīngqītiān	Sunday	7. 2
星期五	xīngqīwǔ	Friday	7. 1
姓	xìng	surname; to have as a surname	2. 1
学生	xuésheng	student	1. 3
学校	xuéxiào	school	6. 3

Y

烟	yān	smoke; cigarette	
羊	yáng	sheep	9. 3
洋葱	yángcōng	onion	10. 3
羊肉	yángròu	mutton	9. 3

阳台	yángtái	balcony	3.3
也	yě	also; too	4.1
衣服	yīfu	clothes	3.3
医院	yīyuàn	hospital	6.3
一边……一边……	yìbiān…yìbiān…	(to do something) while (doing something else)	10.2
一共	yígòng	altogether, totally	8.2
一会儿	yíhuìr	a short time	5.1
一起	yìqǐ	together	5.2
一下	yíxià	a bit	3.2
音乐	yīnyuè	music	10.3
银行	yínháng	bank	6.3
英语	yīngyǔ	the English language	7.1
用	yòng	(Here) need	6.2
邮局	yóujú	post office	6.3
有	yǒu	to have; there is / are…	5.1
有意思	yǒuyìsi	interesting	9.3
远	yuǎn	far	6.1
月	yuè	month	8.1

Z

在	zài	to be in / at, etc.	3.2
再见	zàijiàn	good – bye; see you again	2.2
脏	zāng	dirty	10.3
早饭	zǎofàn	breakfast	5.3
早上	zǎoshang	morning or early morning	5.3
怎么样	zěnmeyàng	how	9.2
丈夫	zhàngfu	husband	1.3
找	zhǎo	to look for	2.1
这	zhè, zhèi	this	1.2
这些	zhè xiē / zhèi xiē	these	3.3

真	zhēn	really, truly	10. 1
这儿	zhèr	here	6. 1
支	zhī	*a measure book for any writing instrument, etc.*	8. 3
知道	zhīdao	to know	4. 2
中午	zhōngwǔ	noon	5. 3
周末	zhōumò	weekend	10. 3
总是	zǒngshì	always	10. 2
走	zǒu	to go; to leave	2. 2
最	zuì	most	10. 1
最近	zuìjìn	recently	4. 1
昨天	zuótiān	yesterday	7. 3
坐	zuò	to sit (down)	2. 1
做	zuò	to make	2. 3
作业	zuòyè	homework	10. 3
做饭	zuòfàn	to cook (food)	2. 3

专　名　*Proper names*

B

白	bái	a surname	2. 2

D

丁	Dīng	a surname	4. 1
丁璐璐	Dīng lùlu	full name of a person	4. 1

F

方	Fāng	a surname	1. 1
方雪芹	Fāng Xuěqín	full name of a person	1. 1
方雪松	Fāng Xuěsōng	full name of a person	1. 3

224

分	fēn	Fen, a unit of Chinese money. 1 fen is 1/10 mao or 1% of a yuan	1.3

G

广东	Guǎngdōng	Guangdong, a province of China	9.1
广州	Guǎngzhōu	Guangzhou, a city's name	6.3

H

汉语	Hànyǔ	the Chinese language	7.3
汉字	Hànzì	Chinese character	7.3

J

加拿大	Jiānádà	Canada	7.2
加拿大人	Jiānádàrén	Canadian	7.2
角	jiǎo	jao, a unit of Chinese money. 1 jiao is 10 fen or 1/10 of a yuan	7.2
斤	jīn	jin, a Chinese measure of weight. 1 jin = 0.5 kilogram	8.2

K

块	Kuài	kuai, a unit of Chinese money. 1 kuai is 10 mao or 100 fen	8.1

L

李	Lǐ	a person's surname	
李文龙	Lǐ Wénlóng	full name of a person	3.1
两	liǎng	Liang, a Chinese unit of weight, equal to 1/10 of a jin or 50 grams	3.1
刘	Liú	a surname	1.1

M

毛	máo	mao, a unit of Chinese money. 1 mao is 10 fen or 1/10 of a kuai	8.1
美国	Měiguó	The United States	4.2
美国人	Měiguórén	American	4.2

N

南京	Nánjīng	Nanjing(a city's name)	6.3

R

| 日本 | Rìběn | Japan | 4.3 |
| 日语 | Rìyǔ | the Japanese language | 7.3 |

S

| 上海 | Shànghǎi | Shanghai(a city's name) | 6.3 |
| 四川 | Sìchuān | Sichuan, a province of China | 9.1 |

T

天津	Tiānjīn	Tianjin(a city's name)	6.3
天龙公司	Tiānlóng Gōngsī	The Tianlong Corporation	6.3
田	Tián	a surname	1.2
田洪刚	Tián Hónggāng	full name of a person	1.2

W

| 王 | Wáng | a surname | 2.1 |
| 王书友 | Wáng shūyǒu | full name of a person | 3.3 |

X

| 西安 | Xī'ān | Xi'an(a city's name) | 6.3 |

Y

杨	Yáng	a surname	1.1
杨丽	Yáng Lì	full name of a person	1.1
颐和园	Yíhéyuán	The Summer Palace	6.3
英国	Yīngguó	Britain	4.3
英语	Yīngyǔ	the English language	7.1
元	Yuán	*yuan, a unit of Chinese money.* *1 yuan is 10 jiao or 100 fen*	

Z

赵	Zhào	a surname	1.2
赵天会	Zhào Tiānhuì	full name of a person	1.2
中国	Zhōngguó	China	4.3